KB021805

Bernd Heinrich Wilhelm von Kleis

Michael Kohlhaas

미하엘 콜하스의 민란

1판 1쇄 발행 2011년 7월 22일
1판 2쇄 발행 2019년 8월 12일

지은이 | 하인리히 폰 클라이스트
옮긴이 | 전대호
발행인 | 신현부

발행처 | 부북스
주소 | 04601 서울시 중구 다산로29길 52-15 (신당동)
전화 | 02-2235-6041
팩스 | 02-2253-6042
이메일 | boobooks@naver.com

ISBN 978-89-93785-24-1 04080
ISBN 978-89-93785-07-4 (세트)

부클래식

015

미하엘 콜하스의 민란

하인리히 폰 클라이스트

전대호 옮김

일러두기

- '프로젝트 구텐베르크Project Gutenberg'의 웹페이지에서 구한 하인리히 폰 클라이스트 작품 선집(Ausgewählte Schriften by Heinrich von Kleist)에 포함된 *Michael Kohlhaas*를 이 작품의 독일어 텍스트를 번역의 저본으로 삼았다. http://www.gutenberg.org/ebooks/6645 참조.

- 장면 구분을 위한 *표와 잦은 행 바꿈은 옮긴이가 가독성을 고려하여 추가한 것들이다. 원문에는 행 바꿈이 거의 없고, 번역문의 *표가 있는 자리들에서만 문단이 구분된다.

- 번역문에 등장하는 여러 호칭과 직함, 예컨대 지주, 시장, 총리, 총리실장 등은 역사적 문화적 거리와 정보의 부족 때문에 적확하게 옮기기 어려운 독일어 표현들을, 작품의 이해와 감상에 지장이 없는 선에서 편의상 번역한 결과이다. 필요하다고 생각되는 경우에는 각주를 통해 원문을 밝혔다.

- 모든 주는 옮긴이가 삽입한 것이다.

- 번역의 막바지 단계에서 진일상 님의 번역(하인리히 폰 클라이스트, 진일상 옮김, 〈버려진 아이 외〉, 책세상 2005)과 영어판(HEINRICH VON KLEIST, *The Marquise of O-and Other Stories*, penguin clsaaics)을 부분적으로 참조했음을 밝혀둔다.

차례

미하엘 콜하스의 민란

— 옛 기록을 기초로 삼음 —

16세기 중반 하펠 강가에 미하엘 콜하스라는 말(馬)장수가 살았다. 그는 어느 교사의 아들로 올바르면서 또한 지독하기로 당대에 둘째가라면 서러운 인물이었다. 이 비범한 사내는 서른 살까지는 훌륭한 시민의 모범이라고 할만 했다. 지금도 이름이 그 자신과 같은 마을 콜하젠브뤼크에 소유한 농장에서 그는 자기 사업으로 편안히 먹고살았다. 아내에게서 얻은 자식들을 부지런하고 정직하게 크도록 신을 경외하면서 교육했다. 이웃 중에 그의 정의로운 행동이나 호의적인 행동에 기쁨을 느껴보지 않은 사람이 아무도 없었다. 한마디로, 그가 한 가지 미덕을 지나치게 고집하지 않았더라면, 온 세상 사람이 그를 기리며 축복할 만했다. 그러나 정의감이 그를 강도로 또 살인자로 만들었다.

***

어느 날 하나같이 건강하고 찬란하고 젊은 말들을 이끌고 다른 나라로 간 그는 시장에서 말들을 팔아 얻을 이익을 어떻게 쓸지 궁리했다. 훌륭한 가장답게 새로 말을 사는 데도 쓰지만 일부는 현재의 쾌락을 위해서 써야지.

그가 엘베 강가 작센 영내의 웅장한 성 앞을 지날 때 차단목이 길을 가로막았다. 전에는 그런 차단목을 본적이 없었다. 마침 비가 억세게 내렸고, 그는 말들과 함께 멈춰 큰소리로 통행감시인을 불렀다. 곧이어 통행감시인이 귀찮은 표정을 지으며 창밖으로 얼굴을 내밀었다. 말 장수는 길을 열어달라고 말했다.

"이게 웬일입니까?" 말 장수가 묻자, 한참 후에 통행감시인이 초소 밖으로 나왔다.

"군주께서" 통행감시인이 자물쇠를 열며 대답했다. "트롱카 가문의 벤첼 지주님*께 내린 특권이오."

"아, 그렇군요." 콜하스가 말했다. "지주님 성함이 벤첼인가요?" 그러면서 그는 찬란한 성을 바라보았다. 반짝이는 첨탑들이 들판 위로 우뚝 솟아있었다. "그 연로하신 어르신은 돌아가셨나요?"

"뇌졸중으로 죽었소." 통행감시인이 차단목을 들어 올리며 말했다.

---

* Junker

"아하, 안됐군요." 콜하스가 탄식했다. "존경스러운 원로셨는데. 사람들이 오고가는 것을 좋아하셨고 기회가 생기면 늘 상업과 여행을 지원하셨죠. 언제였던가, 내 암말이 다리가 부러지니까, 석조 제방을 쌓게 하셨어요. 저기 길이 마을로 이어지는 곳에 말이죠. 그건 그렇고, 통행료는 얼마요?"

콜하스는 통행감시인이 요구한 만큼의 동전을 바람에 펄럭이는 외투에서 힘겹게 꺼냈다. 통행감시인이 "빨리 빨리"라고 중얼거리며 궂은 날씨를 탓하자, 콜하스는 "자요, 노인 양반. 이 나무가 그냥 숲에 서 있으면 당신도 좋고 나도 좋을 텐데." 하고 덧붙였다. 그러면서 그는 통행감시인에게 통행료를 주고 길을 떠나려 했다. 그러나 그가 차단목 아래를 채 통과하기도 전에 새로운 목소리가 뒤편 탑에서 울려 퍼졌다.

"말 장수, 거기 멈춰!"

콜하스는 성지기가 창문을 거세게 닫고 서둘러 달려오는 것을 보았다.

"또 뭐야?" 콜하스가 혼잣말을 하며 말들과 함께 멈췄다.

성지기는 풍만한 몸뚱이에 걸친 조끼의 단추를 이제야 채우면서 다가와 비바람을 등지고 서서 통행증을 요구했다.

"통행증이요?" 콜하스가 물었다. 그는 약간 당황해서, 자기가 아는 바로는 통행증이 없는데, 혹시 있을지도 모르니까 무슨 통행증을 말하는 것인지 설명해달라고 했다. 성지기는 콜하스를 곁눈질하면서 군주의 허가증이 없으면 어떤 말 장수도 말들과 함께 통과할 수 없다고 못 박았다.

말 장수는 이제껏 살면서 열일곱 번이나 이곳을 통행증 없이 통과했다고 힘주어 말했다. 말 장사와 관련해서 군주가 내린 법령들을 다 알고 있다고 맹세했다. 이것은 아마 착오에 불과할 테고 오늘 자신은 갈 길이 머니 쓸데없이 오래 붙잡지 말기를 부탁한다고 했다.

하지만 성지기는 열여덟 번째 통과는 무사하지 않을 것이라고 대꾸했다. 이 조치는 최근에야 내려졌으며 말 장수는 여기에서 통행증을 끊든지 아니면 온 곳으로 되돌아가야 한다고 했다.

이 위법적인 협박에 화가 나기 시작한 말 장수는 잠시 생각한 후에 말에서 내려 말을 하인에게 건네고 자신이 트롱카의 지주와 직접 이야기하겠다고 했다. 그는 곧장 성으로 향했고, 성지기가 따라오면서 쩨쩨한 수전노라느니 피를 빼는 것이 이롭다느니 중얼거렸다.

두 사람은 눈빛으로 서로를 가늠하면서 큰 방에 들어섰다. 그때 지주는 생기 넘치는 친구 몇 명과 술잔을 기울이는 중이었는데, 얄궂게도 콜하스가 항의하러 다가갈 때 그들 사이에서 연거푸 폭소가 터졌다.

지주가 콜하스에게 무엇을 원하느냐고 물었다. 기사 친구들이 낯선 사내를 보고 조용해졌다. 그러나 낯선 사내가 말과 관련한 요구를 발설하기 시작하자마자, 패거리 전체가 "말? 말이 어디 있는

데?" 하고 외치며 말들을 보러 창가로 달려갔다. 찬란한 말들이 보였다. 그들은 지주의 제안에 호응하여 정원으로 달려 내려갔다.

어느새 비는 그친 뒤였다. 성지기와 관리인과 하인들도 모여들어 모두가 말들을 꼼꼼히 살펴보았다. 누구는 얼굴에 점이 있는 밤색 말을 칭찬했고, 누구는 갈색 말이 마음에 들었으며, 또 누구는 어두운 노란색 얼룩이 있는 말을 쓰다듬었다. 다들 말이 사슴처럼 예쁘다면서 작센에서 사육되는 말들 중에는 이보다 더 좋은 말이 없다고 했다.

신이 난 콜하스는 이놈들보다도 이놈들을 타야 마땅한 기사님들이 더 훌륭하다면서 기사들에게 말을 사라고 권했다.

늠름한 밤색 수놈에 마음이 꽂힌 지주가 값을 물었다. 관리인은 말이 부족하니 검은 말 한 쌍을 사서 농사에 쓰면 좋겠다고 했다. 그러나 말 장수가 값을 말하자, 기사들은 너무 비싸다고 느꼈고, 지주는 그 정도 값을 받으려면 머나먼 여행을 떠나 원탁의 아서 왕을 알현해야 할 거라고 말했다.

콜하스는 성지기와 관리인이 검은 말들을 유심히 바라보며 소곤거리는 것을 보고 어렴풋한 예감에 이끌려 그 말들을 팔기 위한 작업에 착수했다. 그가 지주에게 말했다.

"지주님, 이 검은 말들을 제가 여섯 달 전에 25굴덴에 샀는데, 30굴덴 주시면 드리겠습니다."

지주 곁에 서 있던 기사 두 명이 말들의 가치가 그 정도는 되어

보인다고 또렷이 들리는 소리로 말했다. 그러나 지주는 밤색 수놈이라면 모를까 검은 말에는 돈을 쓰고 싶지 않다면서 떠날 채비를 했다. 이에 콜하스는 다음번에 말들을 데리고 여기를 지나다가 지주님과 거래하게 되면 그때 잘 봐달라고 말하고서 떠나기 위해 말 고삐를 쥐었다.

그 순간 성지기가 무리에서 튀어나와, 잘 들으라고, 통행증이 없으면 떠날 수 없다고 말했다. 콜하스가 몸을 돌려 지주를 바라보며, 자신의 사업을 완전히 망쳐놓는 이 상황이 과연 정당하냐고 물었다. 지주는 난처한 듯한 표정으로 자리를 뜨면서 대답했다.

"그렇다네, 콜하스. 자네는 통행증을 끊어야 해. 성지기와 얘기하고 갈 길을 가게나."

콜하스는 지주에게 맹세했다. 말 반출 규정을 어길 생각은 추호도 없다고, 드레스덴을 지날 때 꼭 서기 사무소에 들러 통행증을 끊겠다고 맹세하면서, 이 규정을 전혀 몰랐으니 이번 한 번만 보내달라고 애원했다. 지주가 말했다.

"그래? 그렇다면……"

날씨가 다시 험악해지기 시작하면서 거센 바람이 지주의 깡마른 팔다리에 몰아쳤다.

"이 불쌍한 친구를 보내줘라. 친구들, 이만 갑시다."

지주가 기사들에게 말하고 몸을 돌려 성으로 돌아가려 할 때, 성지기가 지주를 바라보면서, 콜하스가 통행증을 끊겠다는 자신의 맹세를 확실히 보증하려면 최소한 담보를 맡겨놓아야 한다고 말했다. 지주가 다시 성문 앞에 멈췄다. 콜하스는 검은 말들을 데려가려면 돈이나 물건을 얼마나 맡겨야 하느냐고 물었다. 관리인은 수염 속의 입을 우물거리면서, 그냥 그 녀석들을 맡겨도 된다고 대답했다.

"암, 그렇고말고." 성지기가 말했다. "그게 제일 합당하지. 통행증을 끊고 나면 언제든지 데려가면 되니까."

콜하스는 이 파렴치한 요구에 충격을 받아 지주를 향해 검은 말들을 팔겠다고 말했다. 그러나 추위에 떨며 옷자락을 여미던 지주는 마침 돌풍이 불어 비와 우박이 성문으로 쏟아져 들어오자 사태를 마무리할 요량으로 이렇게 외치고 떠났다.

"말 장수가 말들을 안 맡기겠다고 하면, 다시 차단목 너머로 내던져버려라!"

일단 폭력을 피해야 한다는 것을 알아챈 말 장수는 달리 길이 없었으므로 요구에 응하기로 결심하고서 검은 말들을 풀어서 성지기가 가르쳐준 마구간으로 끌고 갔다. 그는 하인 한 명을 그곳에 남겨두고 돈을 건네면서 돌아올 때까지 말들을 잘 보살피라 이르고 나머지 말들을 데리고 말 시장이 열리는 라이프치히로 출발했다. 작센 영내에서 싹트기 시작한 말 사육을 보호하기 위해 그런 명령이 내려졌을 수도 있겠다는 생각과 그럴 리 없다는 생각이 교차했다.

***

콜하스는 드레스덴을 거점으로 삼아 근처의 작은 시장들에서 장사를 해왔기 때문에 드레스덴 교외에 마구간 몇 채가 딸린 집을 소유하고 있었다.

그는 드레스덴에 도착하자마자 서기 사무소에 들렀고, 친분이 있는 몇 명을 비롯한 서기들에게서 통행증 이야기는 애당초 짐작한 대로 새빨간 거짓말임을 알게 되었다. 서기들은 콜하스의 부탁에 마지못해 응하여 통행증 이야기는 사실무근이라는 증명서를 써주었고, 콜하스는 깡마른 지주의 장난질을 비웃었다. 장난질의 목적이 무엇인지는 아직 알아챌 수 없었지만 말이다.

이어진 몇 주 동안 콜하스는 데려간 말들을 만족스럽게 팔고서, 세상 전반의 고난을 쏠쏠하게 느낀다면 모를까 다른 쏠쏠한 느낌은 전혀 없이, 트롱카 가문의 성 트롱켄부르크로 돌아왔다.

콜하스가 내민 증명서를 본 성지기는 아무 대꾸도 하지 않았고, 이제 말들을 돌려받을 수 있느냐는 말 장수의 물음에, 그냥 마구간 으로 가서 데려가라고 말했다.

그러나 콜하스는 마당을 가로지르면서 벌써 언짢은 소식을 들어야 했다. 그의 하인이 트롱켄부르크 성에 남은 지 며칠 후에 이른바 부적절한 행동 때문에 매를 맞고 내쫓겼다는 것이었다. 그는 이소식을 전한 젊은이에게 그 하인이 무슨 짓을 했고 누가 대신해서 말들을 돌보았느냐고 물었다. 젊은이는 모른다고 대꾸하더니, 이미 불길한 예감에 휩싸인 말 장수가 보는 앞에서, 말들이 있는 마구간 의 문을 열어젖혔다.

콜하스는 이루 말할 수 없이 놀랐다. 건강하고 찬란한 그의 검은 말 두 마리는 간데없고 깡마르고 비실비실한 모라비아산(産) 말 한 쌍이 보였다. 녀석들의 뼈들은 막대처럼 튀어나와 물건을 걸어도 될 법했고 갈기와 털은 돌보지 않아 아무렇게나 뒤엉켜있었다. 실로 동물계의 비참함 그 자체였다!

말들이 콜하스를 보고 힘없이 힝힝거렸고, 콜하스는 극도로 격분하여 자신의 말들이 도대체 무슨 일을 겪은 거냐고 물었다. 곁에 서 있던 젊은이가 대답하기를 녀석들은 먹이도 적당히 먹었고 다른 불운도 겪지 않았는데, 다만 마침 추수철이고 힘을 쓸 가축이 부족해서 밭일을 조금 시켰다고 했다. 콜하스는 이 비열하고 파렴치한 짓거리에 절로 욕이 나올 것 같았다. 그러나 그는 자신에게 힘이 없음을 알기에 분노를 억눌렀고, 달리 도리가 없었으므로 말들을 데리고 이 강도들의 소굴을 떠날 채비를 했다. 그때 두 사람이 대화하는 소리를 듣고 다가온 성지기가 무슨 일이냐고 물었다.

"무슨 일이냐고요?" 콜하스가 대꾸했다. "도대체 누가 트롱카 지주님과 그 식구들에게 내가 맡긴 말들을 밭일에 써도 좋다는 허가를 해줬소?" 그는 이게 인간이 할 짓이냐고 덧붙이면서, 지칠 대로 지친 말들을 회초리로 쓰다듬어 기운을 북돋우려 애썼지만 말들은 꼼짝도 하지 못했다. 성지기는 한동안 못마땅한 표정으로 콜하스를 바라보다가 호통을 쳤다.

"어허! 이런 막돼먹은 사람을 봤나! 말들이 살아있는 것만 해도 하느님께 감사할 일이거늘." 이어서 질문이 쏟아졌다. 그 하인이 달아난 후에 누가 말들을 돌봐야 했나? 말들이 밭일을 하고 그 대가로 먹이를 받은 것은 정당하지 않은가? 마지막으로 성지기는, 여기에서 바보짓 하고 싶지 않다고, 개들을 불러 성의 평화를 되찾을 수도 있다고 말했다. 말 장수의 조끼 속에서 심장이 쿵쾅거렸다. 이 하찮은 뚱보를 진창에 내팽개치고 구리판 같은 낯짝을 짓밟고 싶은 마음이 굴뚝같았다. 하지만 아직은 그의 정의감이 마치 황금으로 된 양팔저울처럼 흔들리며 균형점을 찾아갔다. 그 자신의 마음이 울타리처럼 그를 막았다. 상대방이 잘못을 저질렀다고 확신할 수 없었다. 그리하여 그는 욕이 튀어나오려는 것을 참고 조용히 상황을 숙고하면서 말들에게 다가가 갈기를 정돈했다. 그러면서 낮은 목소리로, 그의 하인은 대체 무슨 잘못을 저질렀기에 쫓겨났느냐고 물었다. 성지기가 대답했다.

"그 못된 놈의 새끼가 반항을 했거든. 마구간을 바꿔야 하는데 안 된다고 버텼어. 자기가 돌보는 모라비아 말들이 마구간을 써야 하니까 트롱켄부르크 성을 방문하신 젊은 나리 두 분의 말은 길바닥에서 밤을 새워야 한다고 뚱고집을 부렸다니까."

콜하스는 할 수만 있다면 그 말들을 살 만큼의 돈을 지불해서라도 그 하인을 데려와 이 욕쟁이 성지기와 대질하고 싶었다. 하지만 그는 가만히 선 채로 헝클어진 털을 풀면서 이제 이 상황에서 어떻게 해야 하나 궁리했다. 그때 갑자기 상황이 바뀌었다. 트롱카의 지주 벤첼이 기사와 하인과 개의 무리와 함께 토끼사냥에서 돌아와 성 마당에 나타난 것이었다. 성지기는 무슨 일이냐는 지주의 물음에 즉시 입을 열었다. 개들이 낯선 사람을 보고 짖어대고 기사들이 짖지 말라고 소리치는 가운데, 성지기는 지주에게 이 말 장수가 자기 말들에게 일을 조금 시켰다는 이유로 반란을 획책한다고 정말 야비하게 왜곡해서 고해바쳤다. 그는 비웃음을 흘리면서, 말 장수는 이놈들이 자기 말이 아니라고 우긴다고 보고했다. 콜하스가 외쳤다.

"엄정하신 나리, 이건 제 말들이 아닙니다! 30굴덴짜리 말들이 아니란 말입니다! 건강하고 늠름한 제 말들을 돌려주십시오!"

지주가 잠깐 안색이 창백해지더니 말에서 내려 말했다.

"하…… 아…… 이름이 뭐더라? 아무튼, 이 친구가 말들을 돌려받기 싫다면, 그냥 두고 가도 괜찮아. 귄터, 어디 있나?" 지주가 쫄쫄이 바지에 묻은 먼지를 손으로 털어내며 소리쳤다. "한스, 이리 와!" 그는 기사들과 함께 문 앞에 서서 "포도주 가져와!" 하고 소리친 후 안으로 들어갔다. 콜하스는 말들을 이 꼴로 콜하젠브뤼크의 자기 마구간에 데려가느니 차라리 폐마(廢馬)를 도살하고 가죽을 벗기는 가죽장이를 불러 줘버리겠다고 말했다. 그는 비실비실한 검은 말들을 그 자리에 팽개쳐두고, 이 터무니없는 사태를 바로잡고 정의를 회복할 방법을 찾아내겠다면서, 밤색 말에 뛰어올라 출발했다.

***

전속력으로 달려 금세 드레스덴으로 가는 길에 들어선 콜하스는 성에서 쫓겨난 하인과 그가 저질렀다는 잘못에 생각이 미치자 천천히 걷기 시작했고, 천 걸음도 채 못 가서 다시 말머리를 돌려 콜하젠브뤼크로 향했다.

먼저 그 하인의 이야기를 듣는 것이 올바르고 현명한 행동이라는 생각이 들었기 때문이었다. 세상이 허술함을 익히 아는 감각이 그로 하여금, 만일 그 하인이 성지기의 주장대로 정말 잘못을 저질렀다면, 말들을 잃은 것을 정당한 대가로 감내하겠다는 마음을, 그토록 모욕을 당했음에도 불구하고, 품게 했던 것이다. 다른 한편 똑같이 타당한 또 다른 느낌, 여행자들이 트롱켄부르크 성에서 비일비재하게 부당한 일을 당한다는 이야기를 이동하며 들른 모든 곳에서 거듭 접하면서 점점 더 뿌리가 깊어진 그 느낌은, 만일 이 모든 사태가 물씬 풍기는 낌새대로 공모된 사기라면, 온 힘을 다해 굴욕에 대한 배상을 받아내고 동료 시민들을 위해 미래의 안전을 확보하는 것이 그의 의무라고 생각했다.

***

그는 콜하젠브뤼크에 도착하여 충실한 아내 리스벳과 포옹하고 아버지를 둘러싸고 기뻐하는 자식들에게 입을 맞추자마자 상머슴 헤르제의 안부를 물었다. 혹시 그가 어찌되었는지 아느냐고 물었다. 리스벳이 대답했다.

"알다마다요. 생각해보세요. 헤르제, 그 불쌍한 사람이 보름쯤 전에 만신창이가 되어서 여기에 왔어요. 어찌나 매질을 당했는지 숨도 제대로 쉬지 못하더라고요. 우리가 침대에 눕히니까 격하게 피를 토했지요. 자초지종을 거듭 물었더니, 이해가 안 가는 이야기를 했지요. 헤르제는 당신의 지시로 트롱켄부르크 성에 남았다더군요. 통과가 허가되지 않은 말들과 함께 말이죠. 그런데 사람들이 그를 파렴치하게 학대해서 성을 떠날 수밖에 없게 만들었대요. 말들을 데리고 떠나는 것은 불가능했고요."

"그래요?" 콜하스가 외투를 벗으며 말했다. "헤르제가 건강을 회복했소?"

"각혈은 여전하지만……" 그녀가 대답했다. "……반쯤은 회복했어요. 저는 곧바로 하인 한 명을 트롱켄부르크 성으로 보내서 당신이 거기 도착할 때까지 말들을 돌보게 하려 했어요. 헤르제는 항상 정직하고 충성스러웠잖아요. 어느 누구보다 충성스러웠지요. 그래서 그가 많은 증거를 대면서 한 말을 안 믿고 이를테면 그가 다른 연유로 말들을 잃었다고 의심할 생각조차 하지 않았던 거예요. 그런데 그는 그 강도 소굴에 아무도 보내면 안 된다고, 사람 목숨을 희생할 작정이 아니라면 말들을 포기하라고 애원했어요."

"헤르제는 아직 누워 지내오?" 콜하스가 목도리를 풀며 물었다.

"아뇨." 그녀가 대답했다. "며칠 전부터 마당에서 걸어 다니는 걸요. 두고 보세요……" 그녀가 말을 이었다. "만사에 정의가 있는 법이에요. 이 일은 얼마 전부터 트롱켄부르크 성 사람들이 외지인들에게 저지르는 악행의 한 예라는 것이 곧 드러날 거예요."

"그런지 아닌지 내가 먼저 알아봐야겠소." 콜하스가 대꾸했다. "리스벳, 헤르제가 깨어있거든, 이리로 불러 주시오." 그러면서 그는 안락의자에 앉았고, 아내는 그의 침착함을 매우 반기면서 하인을 데려왔다.

***

"트롱켄부르크 성에서 무슨 짓을 했나?" 리스벳과 함께 방에 들어서는 하인에게 콜하스가 물었다. "난 자네의 행동이 그리 만족스럽지 않거든."

하인은 이 말을 듣고 창백했던 얼굴이 붉게 물든 채로 한동안 침묵하다가 이내 대답했다.

"옳으신 말씀입니다요, 주인님! 하느님의 도움으로 제가 그때 유황 실을 가지고 있었습니다. 그걸로 나를 쫓아낸 그 도둑 소굴에 불을 지를 참이었는데, 그 안에서 아이가 칭얼대는 소리를 듣고 유황 실을 엘베 강물에 던져버렸어요. 그러면서 생각했죠. 하느님이 벼락을 내리시어 잿더미가 되기를 바랍니다. 나는 불 지르지 않겠습니다!"

콜하스가 당황해서 말했다. "그럼 대체 무슨 일로 트롱켄부르크 성에서 쫓겨났는가?"

헤르제가 대답했다. "고약한 장난 때문이었습니다요, 주인님." 그러면서 이마에 땀을 닦았다. "하지만 이미 엎질러진 물이지요. 저는 말들이 밭일을 하도록 놔두기 싫었어요. 그래서 녀석들이 아직 어리고 마차를 끌어본 적이 없다고 말했지요."

콜하스가 혼란스러운 심정을 감추려 애쓰면서, 그건 사실과 약간 다르다고, 말들이 작년 초에 마차를 조금 끈 적이 있다고 대꾸하고 이렇게 덧붙였다. "자네는 일종의 손님으로 그 성에 머물고 있었네. 그런 마당에 주인들이 최대한 신속하게 추수를 할 필요가 있었다면, 한두 번쯤 도와줄 수도 있었지 않나."

"저도 도와주었습니다요, 주인님!" 헤르제가 말했다. "그자들이 언짢은 표정을 짓기에, 저도 설마 말들을 잃을 리야 있겠냐고 생각했습니다. 그 성에 머문 셋째 날 오전에 제가 말들을 마차에 매고 곡식을 세 수레나 거뒀습니다요."

콜하스가 두근거리는 심장으로 시선을 내리깔고 단호하게 말했다. "헤르제! 난 그런 말을 전혀 못 들었네."

헤르제가 있는 그대로 아뢴 것이라고 다짐하면서 이렇게 말했다. "제가 인색하게 군 적이 있다면요, 점심때까지 거의 아무것도 못 먹은 말들에게 다시 멍에를 메우지 않으려 했던 일뿐입니다. 성지기와 관리인이 말하기를 주인님이 먹이 값으로 주신 돈은 제가 몰래 챙기고 말들에게 일을 시켜 그 대가로 먹이를 받으라기에, 저는 다른 일이라면 몰라도 그건 안 된다면서 등을 돌려 떠나버렸습니다. 그게 다예요."

"하지만 그런 인색한 행동을 했다고……" 콜하스가 말했다. "……트롱켄부르크 성에서 쫓겨난 건 아니겠지."

"하느님, 굽어 살피소서." 하인이 외쳤다. "입에 담지도 못할 악행 때문이었습니다! 그날 저녁에 트롱켄부르크 성에 기사 두 분이 오셨어요. 그분들 말을 마구간에 들이고 제 말들은 마구간 문에 매어 놓았더라고요. 그래서 제가 마구간에서 숙박하는 성지기한테 검은 말들을 넘겨받으면서 이제 이 말들을 어디에 두어야 하느냐고 물었죠. 그러니까 성지기가 성벽에 붙여서 각목과 판자로 지은 돼지우리를 보여주는 거예요."

"그러니까……" 콜하스가 끼어들었다. "……자네 말은, 그 건물이 워낙 열악해서 마구간이라기보다 돼지우리에 가까웠다는 뜻이겠지."

"돼지우리였습니다요, 주인님." 헤르제가 대답했다. "정말 진짜로요. 돼지들이 들락거리고 천장이 낮아서 제가 똑바로 설 수도 없는 곳이었어요."

"아마 검은 말들을 들일 곳이 달리 없었던 모양이로군." 콜하스가 냉정하게 말했다. "이유야 어찌되었든, 기사들의 말이 더 중요했던 게야."

"자리가……" 하인이 풀죽은 목소리로 대꾸했다. "……부족했습니다. 그날 성에 머무는 기사님이 총 일곱 분이었어요. 만일 주인님이 거기에 계셨더라면, 말들의 간격을 좁히셨을 겁니다. 저는 마을에 가서 마구간을 빌려보겠다고 말했죠. 그런데 성지기가 쌀쌀맞게 대꾸하기를, 자기가 말들을 감시해야 하니까 감히 이 성에서 데리고 나가지 말라는 거예요."

"으흠!" 콜하스가 말했다. "그래서 자네는 어떻게 했나?"

"관리인의 말이 손님들은 하룻밤만 지내고 아침에 떠난다는 겁니다. 그래서 저는 말들을 그 돼지우리로 데려갔지요. 그런데 이튿날이 다 지나도록 손님들이 떠나지 않았어요. 셋째 날이 되니까, 그분들이 성에 몇 주일 더 머문다는 거예요."

"그러니까 그 돼지우리가 그리 나쁘지 않았던 게로군." 콜하스가 말했다. "처음에 자네가 얼핏 보고 생각한 만큼 열악한 곳은 아니었어. 안 그런가, 헤르제?"

"주인님, 저는 솔직합니다요." 헤르제가 대꾸했다. "제가 그곳을 조금 청소했기 때문에 쓸 만했던 겁니다. 또 하녀에게 동전 한 닢 쥐어주고 돼지들을 다른 곳으로 옮기게 했고요. 또 동틀 녘에 천장 판을 치웠다가 저녁에 다시 덮어서 낮에는 말들이 똑바로 설 수 있도록 했습니다요. 그러자 녀석들은 거위처럼 목을 치켜세우고 콜하젠브뤼크가 어딘가, 아니 어디라도 더 좋은 곳이 없나 둘러보더군요."

"그렇다면 말이야." 콜하스가 물었다. "사람들이 왜, 무엇 때문에 자네를 내쫓았나?"

"말씀드리겠습니다, 주인님." 하인이 단호하게 말했다. "제가 없어지기를 바랐기 때문입니다. 제가 있는 한, 말들을 완전히 망가뜨릴 수 없었으니까요. 그자들은 마당에서나 행랑채에서나 장소를 가리지 않고 제게 험악한 표정을 지었지요. 그런데도 제가 '너희가 주둥이를 아무리 비쭉거려봐야 너희 주둥이만 아플 거다' 하는 태도로 일관하니까, 기회를 노리다가 저를 성 밖으로 내친 겁니다요."

"그래도 빌미가 있었을 게 아닌가!" 콜하스가 소리쳤다. "그들이 무언가 꼬투리를 잡지 않았느냐 말이다."

"그렇습니다, 당연히 빌미가 있었습니다." 헤르제가 대답했다. "그것도 더할 나위 없이 정당한 빌미였지요. 제가 그 돼지우리에서 맞은 둘째 날 저녁이었습니다. 저는 그곳에서 지내느라 엉망진창이 된 말들을 세마장으로 데리고 가서 씻기려 했어요.

그래서 성문 앞에 이르러 문을 열어달라고 하려는 순간, 행랑채에서 성지기와 관리인이 몽둥이를 들고 하인들과 개들을 데리고 달려오면서 '저 나쁜 놈을 잡아라!' 하고 외치는 소리가 들렸어요. '저 악당 놈을 잡아' 하면서 귀신 들린 사람들처럼 날뛰더군요. 문지기가 저를 가로막았습니다.

저는 문지기에게도 묻고 몰려든 무리에게도 물었지요. '무슨 일이 있습니까?'

그러자 성지기가 '무슨 일이 있냐고?' 하고 반문하면서 제가 데려온 검은 말 두 마리의 고삐를 움켜쥐었습니다. 그러더니 제 멱살을 잡고 '이놈, 말들을 데리고 어디로 갈 작정이냐?' 하고 묻더군요.

제가 말했죠. '어디 가냐고요? 이런 젠장! 세마장으로 가오. 대체 무슨 생각을 하는 거요? 설마 내가……'

성지기가 외치더군요. '세마장? 이 사기꾼 놈아, 내가 네놈한테

군용도로를 따라 콜하젠브뤼크까지 기어가는 법을 가르쳐주마!'

그러면서 성지기가 제 다리를 붙잡은 관리인과 함께 저를 악랄하게 끌어당겨서 말 아래로 떨어뜨렸습니다.

저는 이 큰 키에 진창에 처박혀서 외쳤지요. '아이고, 사람 죽는다! 사람을 때려죽인다! 이놈들아, 내 마구하고 이불하고 옷보따리가 마구간에 있다.'

하지만 성지기와 하인들은 아랑곳없이 발과 채찍과 몽둥이로 저를 때렸고, 관리인은 말들을 데리고 갔습니다. 저는 반쯤 죽은 채로 성문 밖에 쓰러졌지요.

제가 '이 강도들아! 내 말들을 어디로 데려 가냐?' 하면서 몸을 일으키자, 성지기가 '이 성에서 꺼져!' 하고 외쳤어요. 이어서 '카이저, 물어라! 예거, 슈피츠, 물어!' 하는 소리가 들리더군요. 곧바로 열두 마리가 넘는 개들이 저를 덮쳤습니다.

퍼뜩 정신이 들더군요. 각목이었는지 뭐였는지는 모르겠어요. 아무튼 그걸로 세 마리를 죽였습니다. 하지만 저는 처참하게 물어뜯긴 터라 달아날 수밖에 없었지요. 날카로운 호각소리가 '삐익!' 하고 울리고, 개들은 성 마당으로 돌아가고, 성문이 닫히고, 빗장이 질러졌어요. 그리고 저는 도로에서 정신을 잃고 쓰러졌습니다."

안색이 창백해진 콜하스가 억지로 야박한 생각을 짜내어 말했다. "달아나고 싶은 마음도 있었겠지, 헤르제. 안 그런가?" 그리고 헤르제가 붉어진 얼굴로 시선을 떨어뜨리자 이렇게 말했다. "솔직히 인정해라! 자네는 그 돼지우리가 마음에 들지 않았어. 콜하젠브뤼크에 있는 마구간이 확실히 더 낫다고 생각했던 거야."

"아이고, 절대로 아닙니다요." 헤르제가 외쳤다. "제 마구하고 이불하고 옷 보따리가 돼지우리에 있었는걸요. 제가 붉은 비단 목도리에 싸서 구유 뒤에 숨겨둔 제국동전 3굴덴. 그걸 왜 안 챙기겠습니까? 달아나고 싶은 마음이라뇨? 정말 마른하늘에 날벼락 같은 말씀이십니다! 그리 말씀하신다면, 저는 그때 내버린 유황 실을 찾아서 당장에라도 다시 불을 붙이고 싶을 따름입니다요."

"그만, 그만!" 말 장수가 말했다. "나쁜 뜻으로 한 말은 아니었네. 이것 봐, 헤르제. 난 자네의 말을 한마디도 빼놓지 않고 전부 다 믿네. 자네와 대화하기 위해서라면 심지어 저녁식사까지 뒤로 미룰 의향이 있지. 헤르제, 그만 가보게. 자리에 누워서 포도주 한 병 마시면서 마음을 추스르게나. 자네의 억울함은 반드시 풀릴 것이야!" 그러면서 그는 자리에서 일어나 상머슴이 돼지우리에 두고 온 물건들의 목록을 작성했다. 물건들의 가격도 기입했다. 또한 상머슴에게 치료비가 얼마나 들 것 같으냐고 물었다. 콜하스는 마지막으로 한 번 더 악수를 한 다음에 헤르제를 보냈다.

***

곧이어 그는 아내 리스벳에게 자초지종과 이면에 얽힌 사정을 설명하고 나서 자신의 권리를 위해 공적인 정의를 요구하겠다는 결심을 밝혔다. 기쁘게도 아내는 그의 결단을 온 영혼으로 지지했다.

리스벳은 그 성을 지나게 될 다른 여행자들은 아마 콜하스보다 인내력이 약할 것이라면서, 이런 무질서를 종식시키는 것은 하느님의 일이니 기꺼이 소송비용을 보태겠다고 말했다. 콜하스는 아내를 용감한 여인이라고 불렀다.

그는 이날과 이튿날을 아내와 자녀들과 어울려 즐겁게 보내고 형편이 허락하자마자 고소장을 제출하기 위해 드레스덴으로 출발했다.

***

드레스덴에서 그는 아는 법률가의 도움을 받아 고소장을 작성했다. 그는 트롱카의 지주 벤첼이 그 자신과 그의 하인 헤르제에게 저지른 악행을 상세히 적은 다음, 벤첼을 법에 따라 처벌하고 말들을 원상복구하고 그와 그의 하인이 입은 피해를 보상해줄 것을 요구했다.

법적인 사실관계는 명약관화했다. 말들이 불법적으로 압류되었다는 사실이 다른 모든 사실들을 압도할 만큼 중요했다. 설령 말들이 단지 우연히 병에 걸렸다고 전제하더라도, 말들을 건강한 상태로 돌려달라는 말 장수의 요구는 여전히 정당할 것이었다.

게다가 콜하스가 그 도시를 둘러보니, 그의 일을 열심히 돕겠다고 약속하는 친구들도 있었다. 그는 폭넓게 말 장사를 한 덕분에 그 지역의 유력인사들과 안면이 있었고 정직한 거래로 그들의 호의를 받고 있었다. 콜하스의 변호사도 대단한 인물이었다. 두 사람은 여러 번 만나서 즐겁게 밥을 먹었다. 콜하스는 그에게 소송비용으로 상당한 금액을 주었다.

몇 주 뒤에 콜하스는 변호사를 믿고 소송 결과에 대해서 전적으로 안심하면서 그의 아내 리스벳이 있는 콜하젠브뤼크로 돌아왔다. 그러나 몇 달이 지나고 연말이 다 되도록 콜하스는 작센으로부터 아무 연락도 받지 못했다. 그가 거기에서 요구한 재판의 결과는 고사하고 그의 재판 요구에 대해서조차 일언반구도 없었다.

그는 여러 번 거듭해서 법원을 방문한 끝에, 그의 변호사에게 허물없는 편지를 보내 일이 이토록 심하게 지체되는 까닭을 물었고, 드레스덴 법원이 상부의 은밀한 지시에 따라 소송을 기각했다는 대답을 들었다. 말 장수는 놀라면서 그런 지시가 내려온 이유가 무엇이냐고 묻는 편지를 다시 보냈고, 변호사는 트롱카의 지주 벤첼이 트롱카 가문의 젊은 귀족 힌츠와 쿤츠의 친척인데, 힌츠는 군주의 음료를 담당하는 최측근이고 쿤츠는 한술 더 떠서 회계 담당 고위 관리라고 알려주었다.

이어서 변호사는 더 이상 법원에서 애쓰지 말고 트롱켄부르크 성에 있는 말들을 되찾기 위해 노력하라고 조언하면서, 지금 트롱카의 지주가 드레스덴에 있는데 측근들에게 그 말들을 콜하스에게 내주라는 지시를 내린 듯하다고 알려주었다. 마지막으로 그는 혹시 콜하스가 체념하고 받아들이기를 거부하더라도 적어도 자기에게는 더 이상 일을 맡기지 말아달라고 요청했다.

***

이때 콜하스는 다름 아닌 브란덴부르크 시에 있었다. 그곳의 시장* 하인리히 폰 고이자우는 콜하젠부뤼크도 관할했으며 당시에 시에 주어진 상당한 자금으로 환자와 가난한 이들을 위해 여러 구호 시설을 짓는 중이었다. 특히 그는 사람들이 그 치료효과에 실제 이상의 기대를 거는, 인근 어느 마을의 샘을 장애인도 이용할 수 있게 정비하는 사업에 정성을 쏟았다. 콜하스가 몇 번 브란덴부르크를 왕래하며 그의 저택에 머물 때 그와 친분을 쌓은 탓에, 폰 고이자우는 콜하스를 알고 있었고, 그래서 트롱켄부르크 성에서 곤욕을 치른 이래로 숨을 들이 쉴 때 가슴에 통증을 느끼는 상머슴 헤르제가 테두리와 지붕이 설치된 그 작은 샘의 치료효과를 시험하는 것을 허락했다.

시장은 콜하스가 헤르제를 데려다 눕힌 샘물 웅덩이 가에서 몇 가지 지시를 내리려던 참이었다. 바로 그때 콜하스의 아내가 심부름꾼을 통해 전달한 편지, 드레스덴의 변호사가 보낸 그 충격적인 편지가 콜하스에게 도착했다. 시장은 의사와 대화하다가 콜하스가 편지를 받아 펼쳐 들고 눈물을 떨어뜨리는 것을 보고 우호적이고 진심어린 표정으로 다가와 무슨 일이냐고 물었다. 말 장수가 말없이 건네주는 편지를 받아 읽은 이 고귀한 인물은 콜하스가 트롱켄

---

* Stadthauptmann

부르크 성에서 당한 끔찍한 부당 행위와 그 결과로 헤르제가 평생 병자로 누워 지낼지도 모르게 된 것을 알고는 콜하스의 어깨를 두드리며, 용기를 잃지 말라고, 배상을 받도록 도와주겠다고 말했다.

그날 저녁, 말 장수가 시장의 명령을 받들어 그의 저택에 갔을 때, 시장은 콜하스에게, 간단한 사건 설명을 포함한 탄원서를 그 변호사의 편지와 함께 브란덴부르크 선제후*에게 올려서 그가 작센 영내에서 당한 폭행과 관련한 군주의 보호 조치를 호소하기만 하라고 권했다. 콜하스의 탄원서는 이미 준비된 다른 우편물 상자에 들어가 선제후에게 전달될 것이며, 일이 순조롭게 진행된다면 브란덴부르크 선제후는 틀림없이 그 청원서를 작센 선제후에게 전달할 것이라고, 그 정도면 콜하스가 트롱카 지주와 졸개들의 잔꾀를 누르고 드레스덴 법원에서 정의를 쟁취하기에 충분할 것이라고 폰 고이자우는 장담했다.

콜하스는 뛸 듯이 기뻐하면서 새삼 이렇게 호의를 베푼 시장에게 진심으로 감사했다. 그러면서 자신이 드레스덴에서 해결책을 모색하지 않고 곧장 베를린에 의지한 것이 유감일 따름이라고 말했다. 콜하스는 시 법원의 서기사무소에서 모든 규정에 맞게 탄원서를 작성하여 시장에게 전달한 다음, 일이 잘 마무리 될 것을 과거 어느

---

* Kurfürst. 신성로마제국 황제 선거권을 지닌 제후. 이 작품에는 각각 브란덴부르크와 작센을 지배하는 두 선제후가 등장하는데, 이들은 '군주Herr'라는 호칭으로도 불린다.

때보다 더 확신하면서 편안한 마음으로 콜하젠브뤼크로 돌아왔다.

그러나 겨우 몇 주 지나지 않아 그는 시장의 일로 포츠담에 갔던 어느 법률가에게서 슬픈 소식을 들었다. 브란덴부르크 선제후가 콜하스의 청원서를 총리** 칼하임 백작에게 넘겼는데, 그는 폭행에 대한 진상조사와 처벌을 위해 곧장 드레스덴 궁정에 가야 마땅할 텐데 그러지 않고 우선 더 자세한 정보를 얻기 위해 트롱카의 지주에게 갔다는 소식이었다.

말 장수에게 소식을 전하라는 지시를 받고 온 듯한 그 법률가는 콜하스의 집 앞에 세운 마차에서 내리지 않았고, 당황한 콜하스가 도대체 왜 이리 되었느냐고 묻자, 만족스러운 대답을 내놓지 못했다. 다만 그는 시장이 인내심을 가지기를 바란다는 말을 전하라고 했다고만 덧붙였다. 그는 갈 길이 바쁜 모양이었고, 짧은 대화의 막바지에야 비로소, 칼하임 백작은 트롱카 가문과 사돈 간이라는 것을 무심히 내뱉는 몇 마디로 누설했다.

콜하스는 말 사육과 집과 농장에 대한 흥미를 잃고 아내와 자식에 대한 관심도 거의 잃은 채로 암울한 미래를 예감하면서 이어진 한 달을 보냈다. 그리고 한 달이 지나자, 그의 예상과 조금도 어긋남 없이, 목욕 치료를 통해 건강을 어느 정도 회복한 헤르제가 브란덴부르크 시장이 두툼한 문서 사본을 동봉하여 보낸 편지를 가지고

** Kanzler

돌아왔다. 유감스럽게도 시장은 아무것도 할 수 없었다, 브란덴부르크 총리실에서 콜하스 사건에 대해 내린 결정문을 보낸다, 콜하스가 트롱켄부르크 성에 남겨둔 말들을 다시 데려가고 사건을 조용히 마무리할 것을 조언한다는 내용이었다.

동봉된 결정문의 내용은 이러했다. "드레스덴 법원에 따르면, 콜하스는 쓸데없는 불평을 늘어놓고 있다. 그의 말들을 맡아서 데리고 있는 지주는 그가 말들을 찾아가는 것을 전혀 막지 않는다. 그가 그 성으로 사람을 보내 말들을 찾아가든지 아니면 적어도 그 지주에게 말들을 보낼 장소를 알려주기를 바란다. 아무튼 이런 귀찮은 분쟁으로 총리실을 귀찮게 하지 말라." 말들이 중요해서 이러는 것이 아닌, 개 두 마리가 걸린 일이었더라도 똑같은 고통을 느꼈을 콜하스는 이 편지를 받고 분노에 휩싸였다. 그는 마당에서 무슨 소리가 들릴 때마다 평생 느껴본 가장 불길한 예감에 쿵쾅거리는 심장으로 대문 밖을 내다보며 혹시 그 젊은 귀족의 졸개들이 나타나서, 어쩌면 사과까지 하면서, 굶주리고 여윈 그 말들을 다시 데려다 놓지 않나 생각했다. 그것은 세상에서 잘 교육된 그의 영혼이 그의 감정에 거슬리는 무언가를 예상한 유일한 경우였다.

그러나 얼마 지나지 않아 그는 여행 중인 어느 지인으로부터 트롱켄부르크 성에 있는 그의 말들이 전과 다름없이 지주의 나머지 말들과 마찬가지로 밭일을 한다는 이야기를 들었다. 그리고 그는 이토록 어처구니없이 엉망진창인 세상을 바라보는 고통의 한복

판에서 이제 정리된 그 자신의 마음을 돌아보며 내적인 만족감을 느꼈다.

그는 이웃에 사는 공무원*을 집으로 초대했다. 그 공무원은 오래 전부터 인근의 땅을 사들여 자신의 소유지를 넓히려는 계획을 품고 있었다. 콜하스는 곁에 앉은 그 공무원에게 자신의 부동산을 팔면, 브란덴부르크와 작센에 있는 집과 농장을 이것저것 따질 것 없이 몽땅 팔면 얼마를 주겠느냐고 물었다. 이 말에 콜하스의 아내 리스벳은 얼굴이 창백해졌다. 그녀는 몸을 돌려 그녀 뒤의 바닥에서 놀던 막내를 안아들고, 죽음의 기운이 드리운 시선을 그녀의 목도리를 만지작거리는 아이의 붉은 뺨 너머 말 장수와 그의 손에 들린 문서에 던졌다.

공무원은 어리둥절한 표정으로 콜하스를 바라보며, 왜 갑자기 이런 이례적인 생각을 하게 되었느냐고 물었다. 콜하스는 명랑한 어투와 표정을 최대한 짜내어 대꾸했다. 하펠 강가의 농장을 판다는 생각은 완전히 새로운 것은 아니다, 그와 공무원은 이미 그 농장에 대해 흥정한 적이 여러 번 있다, 그 농장에 비하면 드레스덴 근교의 집은 생각할 거리도 안 되는 곁다리에 불과하다, 긴 말 할 것 없이, 공무원이 그의 제안을 받아들여 농장과 집을 사겠다면, 그는 계약을 맺을 준비가 되어있다고 말이다. 콜하스는 약간 억지스럽게 장난

---

* Amtmann

33

기를 짜내어, 세상은 콜하젠브뤼크보다 훨씬 넓다고 덧붙였다. 성실한 아버지 노릇은 어떤 다른 목적들에 비하면 부차적이고 무가치할 수 있다고, 한마디로 이렇게 말할 수밖에 없는데, 그의 영혼은 큰 뜻을 품었으며 공무원도 어쩌면 머지않아 그 뜻에 대해 듣게 될 것이라고.

이 말에 안심한 공무원은 아이에게 연거푸 입을 맞추는 콜하스의 아내를 보며 농담조로, "그가 당장 돈을 요구하지는 않겠죠?"라고 말하고는 무릎 사이에 끼워놓았던 모자와 지팡이를 탁자 위에 놓고, 말 장수가 들고 있던 문서를 받아 훑어보았다. 콜하스는 공무원에게 바투 다가가 자신이 작성한 매매계약서인데 경우에 따라서는 4주 안에 무효가 될 수도 있다고 설명하면서, 서명과 금액란, 그러니까 매매가격 난과 위약금 난, 즉 공무원이 4주 안에 계약을 철회하면 배상금으로 얼마를 지불할지 적는 난만 비어있다고 일러주었다. 그리고 자신은 합리적이어서 번거로운 예절을 싫어한다면서 공무원이 원하는 값을 불러보라고 다시 한 번 활기 있게 재촉했다.

콜하스의 아내는 방 안을 이리저리 서성거렸다. 그녀의 심장은 방망이질치고, 아이가 잡아당겨놓은 목도리는 그녀의 어깨에서 완전히 떨어져 내릴 것 같았다. 공무원이 드레스덴에 있는 집의 가치를 전혀 가늠하지 못하겠다고 말하자, 콜하스는 그 집을 살 때 주고받은 편지들을 공무원에게 내밀면서 보시다시피 거의 금화 150굴덴에 산 집이지만 금화 100굴덴에 팔겠다고 대꾸했다. 매매계약서를 다시 한 번 훑어본 공무원은 특이하게도 구매자인 그 자신에게도 계약을 무를 자유가 보장되어있음을 보고, 이미 반쯤 결심을 굳히고서, 콜하스의 마구간에 있는 종마들은 쓸 데가 없다고 말했다. 이에 콜하스는 자기도 그 말들을 헐값에 팔아치울 생각이 전혀 없으며 무기고에 걸려있는 무기 몇 점도 팔지 않겠다고 대꾸했다.

그러자 공무원은 머뭇거리고 또 머뭇거리다가, 얼마 전 산책 중에 그가 농담 반 진담 반으로 불러보았던, 그 부동산의 가치에 못 미치는 값을 다시 한 번 불렀다. 콜하스는 그에게 잉크와 펜을 건넸고, 그는 콜하스의 진의가 의심스러워 다시 한 번, 정말 팔 거냐고 물었다. 그러자 말 장수는, 그럼 내가 당신과 장난질이나 하는 줄 아느냐고 약간 신경질적으로 되물었다. 이에 공무원은 미심쩍은 표정을 풀지 않은 채로 펜을 들어 서명하면서도, 판매자가 거래를 무르려 할 경우에 치러야 할 배상에 관한 조항을 삭제하고, 그가 사들일 의사가 전혀 없는 드레스덴의 집을 담보로 콜하스에게 금화 100굴덴을 꾸어주기로 약속했다. 또한 콜하스가 2개월 안에 거래를 무를 자유를 아무 조건 없이 허용했다. 이 후한 행동에 감명 받은 말 장수는 진심을 듬뿍 담아 공무원과 악수했다.

이어서 판매대금의 4분의 1은 당장 확실하게 현금으로 지불하고 나머지는 3개월 후에 함부르크 은행에서 지불한다는 핵심 조건에 두 사람이 합의하고 나자, 콜하스는 거래가 기분 좋게 성사된 것을 자축하려고 술을 가져오라고 외쳤다. 그는 술병들을 들고 들어오는 하녀에게 그가 탈 밤색 말에 안장을 얹으라고 하인 슈테른발트에게 이르라고 말했다. 그가 일이 있어 수도에 가야 한다고, 아직은 밝힐 수 없지만 곧 돌아와서 무슨 일인지 허심탄회하게 털어놓겠다고 그는 말했다. 이어서 그는 잔들을 채웠고, 당시에 서로 싸우던 폴란드와 터키에 대해서 물으면서 공무원으로 하여금 그 싸움에 관한 여러 정치적 추측을 거론하도록 유도하더니, 곧이어 다시 한 번 공무원과 자신의 사업이 번창하기를 기원하며 축배를 들고 공무원을 떠나보냈다.

공무원이 방에서 나가자, 리스벳이 콜하스 앞에 털썩 무릎을 꿇었다. "당신이 나를 조금이라도……" 그녀가 외쳤다. "나와 내가 당신에게 낳아준 아이들을 조금이라도 생각한다면, 우리가 어떤 이유로든 벌써 쫓겨난 신세가 아니라면, 말해보세요, 이 끔찍한 상황을 도대체 어떻게 이해해야 하죠?"

콜하스가 말했다. "부인, 당신이 걱정할 일은 정말 아니오. 나에게 결정문이 내려왔는데, 내가 트롱카의 지주 벤첼을 고소한 것은 쓸데없는 싸움질이라는 내용이었소. 이런 결정은 심각한 오해에서 비롯된 것이 분명하기 때문에, 나는 다시 한 번, 내가 직접 군주에게 하소연하기로 결심했소."

"그런데 왜 집을 파냐고요?" 리스벳이 당황한 표정으로 일어나며 외쳤다.

말 장수가 그녀를 부드럽게 안으며 대답했다. "사랑하는 리스벳,

내 권리를 보호해주지 않는 나라에 머물고 싶지 않기 때문이오. 내가 발길질에 채이며 살아야 한다면, 인간이기를 그만두고 차라리 개가 되겠소! 나의 아내도 나와 생각이 같으리라고 믿으오."

"도대체 무슨 근거로……" 말 장수의 아내가 흥분해서 물었다. "사람들이 당신의 권리를 보호해주지 않을 거라고 믿는 건가요? 당신이 적절한 예의를 갖춰서 탄원서를 가지고 군주에게 나아가더라도 홀대받거나 무시당할 것이라고 어떻게 장담할 수 있죠?"

"만에 하나……" 콜하스가 대답했다. "내가 근거 없는 걱정을 하는 것이라 하더라도, 내 집을 팔기로 한 계약을 무를 수 있으니 문제될 것 없소. 나도 군주 본인은 정의롭다고 알고 있소. 내가 군주를 둘러싼 자들을 뚫고 군주 앞에 도달하기만 하면, 틀림없이 내 권리를 되찾고 기쁨으로 이번 주 안에 당신 곁에 돌아와서 하던 일에 복귀하게 될 것이오. 그 다음엔……" 그는 아내에게 입 맞추며 덧붙였다. "내 삶이 끝날 때까지 당신 곁을 떠나지 않을 것이오! 하지만……" 그가 말을 이었다. "만반의 준비를 하는 것이 바람직하오. 그래서 나는 가능하다면 당신이 아이들과 함께 당분간 이곳을 떠나 아주머니가 계신 슈베린에 머물기를 바라오. 그러지 않아도 당신은 오래 전부터 아주머니를 방문하고 싶어 하지 않았소."

"뭐라고요?" 콜하스의 아내가 외쳤다. "날더러 슈베린의 아주머니께 가라고요? 아이들과 함께 국경을 넘어서 슈베린에 계신 아주머니께?" 그녀는 너무 놀라 말문이 막혔다.

"그렇소." 콜하스가 대답했다. "그것도, 가능하다면 지금 당장. 그래야 내가 뒤돌아보느라 방해 받지 않고 내 일을 하러 갈 수 있을 것 같소."

"오! 이제 알겠어요." 리스벳이 외쳤다. "이제 당신에게 필요한 건 무기와 말뿐이군요. 나머지 모든 것은 아무나 가져도 되고요!" 그러면서 그녀는 몸을 돌려 안락의자에 주저앉아 흐느꼈다.

콜하스가 당황하며 물었다. "사랑하는 리스벳, 왜 이러시오? 신은 나에게 아내와 아이들과 재산을 주셨소. 내가 오늘 난생 처음으로, 그 모든 것들이 없었으면, 하고 바라야 하겠소?" 그는 이렇게 말하면서 우호적인 몸짓으로 아내 곁에 앉았고, 아내는 얼굴을 붉히며 그의 목을 끌어안았다. "말해보시오." 그가 그녀의 이마 위에 드리운 곱슬머리를 쓰다듬으며 말했다. "내가 어찌해야겠소? 내 일을 포기해야겠소? 내가 트롱켄부르크 성으로 가서 그 기사에게 말들을 돌려달라고 애걸하고 말에 올라타서 당신에게 달려와야겠소?"

"그래요! 그렇지요! 바로 그거에요!"라고 리스벳은 감히 말하지 못했다. 그녀는 울면서 고개를 가로젓고 그를 힘껏 끌어안아 그의 가슴에 입을 맞췄다.

"자!" 콜하스가 외쳤다. "내가 할 일을 계속하면 틀림없이 정의가 실현될 것이라고 당신이 느낀다면, 이제 내가 뜻을 이루기 위해 필요한 자유를 허락해주시오!" 그러면서 그는 자리에서 일어나, 밤색 말에 안장을 얹었다고 보고한 하인에게, 내일 아침에는 그의 아내가 슈베린으로 떠날 수 있게 갈색 말들을 마차에 매야 한다고 말했다.

그때 리스벳이 좋은 생각이 떠올랐다고 말했다. 그녀는 일어나서 눈물을 훔치고, 책상 앞에 앉은 콜하스에게, 그를 대신해서 그녀가 탄원서를 가지고 베를린으로 가서 군주에게 전달하면 어떻겠느냐고 물었다. 콜하스는 여러 뜻이 담긴 이 제안에 감동하여 그녀를 끌어안고 말했다. "사랑하는 부인, 그건 아마 불가능할 것이오! 군주는 여러 겹으로 둘러싸여 있소. 군주에게 접근하려는 사람은 불쾌한 일들을 겪기 마련이오."

리스벳은 어느 모로 보나 남자보다 여자가 더 쉽게 군주에게 접근할 수 있다고 받아치면서 다시 한 번 "탄원서를 이리 주세요"라고 말했다. "당신이 원하는 것이 탄원서를 군주에게 확실히 전달하는 것뿐이라면, 내가 맹세할 게요. 군주는 틀림없이 탄원서를 받게될 거예요!"

아내의 용기와 영리함을 이미 여러 번 목격한 바 있는 콜하스는 대체 어떻게 청원서를 전달할 생각이냐고 물었다. 이에 그녀는 부끄러운 듯 시선을 깔고, 선제후의 궁에서 관리인으로 일하는 사람이 과거에 슈베린에서 근무할 때 그녀에게 청혼했었다고, 그 사람은 지금 결혼했고 자식도 여럿이지만 여전히 그녀를 완전히 잊지 못했다고, 긴 말 할 것 없이, 이것을 비롯해서 일일이 설명하기 번거로운 여러 사정들을 이용하는 일은 그녀에게 맡겨달라고 대답했다. 콜하스는 큰 기쁨으로 아내에게 입 맞추면서 그녀의 제안을 받아들이겠다고 말하고, 그 관리인의 부인 곁에 거처를 마련하기만 하면 성 안의 군주에게 나아갈 수 있을 것이라고 일러주면서 아내에게 탄원서를 주고, 하인들을 시켜 갈색 말들을 마차에 매게 한 후, 여장을 잘 챙긴 아내를 충실한 하인 슈테른발트와 함께 베를린으로 보냈다.

***

그러나 이 여행은 콜하스가 겪은 모든 실패 가운데 다른 어떤 것과도 비교할 수 없을 정도로 가장 불행한 실패였다.

며칠도 안 되어 슈테른발트가 한 걸음씩 조심조심 마차를 몰아 마당에 들어섰다. 마차 안에는 콜하스의 아내가 가슴에 심한 타박상을 입은 채로 누워있었다. 창백한 얼굴로 마차에 다가간 콜하스는 이 불행의 원인에 대해서 조리 있는 설명을 전혀 들을 수 없었다. 하인은 그 관리인이 집에 없었다고 했다. 그래서 어쩔 수 없이 성 근처의 여관에 짐을 풀었는데, 이튿날 아침 리스벳이 하인에게 말들 곁에 남으라고 명하고 그 여관을 떠났다가 저녁이 다 되어서 이 꼴로 돌아왔다고 했다. 그녀가 너무 과감하게 군주에게 나아가려다가, 군주와 상관없이 어느 경비병의 어쭙잖은 열성에 창대로 가슴을 구타당한 모양이라고 했다.

적어도 의식을 잃은 그녀를 저녁 즈음에 여관으로 데려온 사람들은 그렇게 이야기했고, 그녀 자신은 입에서 흘러나오는 피 때문에 거의 말을 할 수 없었다. 그녀의 탄원서는 나중에 어느 기사가 가져

갔다. 슈테른발트 자신의 말에 따르면, 그는 곧바로 말을 달려 콜하스에게 이 불행한 사건을 전하려 했다. 그러나 그녀는 부름을 받고 온 외과의사의 질책에도 불구하고, 어떤 소식도 앞세우지 말고 자신을 콜하젠브뤼크의 남편에게 데려다 달라고 고집했다.

콜하스는 여행을 떠났다가 완전히 망가져서 돌아온 아내를 침대에 눕혔고, 그녀는 고통 속에 숨을 쉬려 애쓰면서 며칠을 더 살았다. 사람들은 그녀의 의식을 되살려 무슨 일이 있었는지 알아내려 했으나 헛수고였다. 그녀는 광채와 움직임을 이미 잃은 눈을 반쯤 뜬 채로 대답 없이 누워만 있었다.

그녀는 죽기 직전에야 다시 한 번 의식을 되찾았다. 그때 그녀의 침대 곁에 루터교 성직자가 서서 (그녀는 남편을 따라서 당시에 처음 생겨나던 루터교로 개종한 상태였다) 유난히 엄숙한 음성으로 성경의 한 구절을 낭독하고 있었는데, 그녀는 갑자기 으스스한 표정으로 성직자를 바라보면서, 낭독을 그만두라는 듯이 그의 손에서 성경을 빼앗아 무언가를 찾는 듯이 이리저리 책장을 넘겼다. 이윽고 그녀는 다음 구절을 집게손가락으로 짚어 침대 곁에 앉은 콜하스에게 보여주었다.

"너의 원수를 용서하라. 너를 미워하는 자들에게도 잘 해주어라."

그러면서 그녀는 정이 넘쳐나는 눈빛으로 그의 손을 꼭 붙들고 숨을 거뒀다. 콜하스는 생각했다.

"내가 그 지주를 절대로 용서하지 않을 것처럼, 하느님도 나를 절대로 용서하지 마시기를 빕니다."

그리고 눈물을 쏟으며 그녀에게 입 맞추고 눈을 감기고 방을 떠났다. 그는 지난번에 그 공무원이 드레스덴의 집을 담보로 보내온 금화 100굴덴으로 리스벳이 아니라 여제후에게 어울릴 법한 장례식을 의뢰했다. 금속으로 화려하게 장식된 참나무 관에 비단 깔개와 금은으로 된 술 장식을 넣게 했고, 깊이가 오륙 미터나 되는 무덤에 자갈과 석회를 넣게 했다. 그 자신은 무덤가에 막내를 안고 서서 작업을 지켜보았다.

장례일이 되자, 눈처럼 하얀 리스벳의 시신은 콜하스가 지시한 대로 벽과 천장을 검은 천으로 덮은 홀 안에 놓였다. 공교롭게도 성직자가 고인의 시신 곁에서 감동적인 설교를 마친 순간, 고인이 전달한 탄원서에 관한 군주의 결정문이 콜하스에게 송달되었다. 콜하스는 트롱켄부르크 성에 놔둔 말들을 데려가야 하며, 이 일로 계속 탄원을 하면 감옥에 처넣겠으니 그만 하라는 내용이었다. 콜하스는 편지를 챙겨 넣고, 관을 마차에 실으라고 지시했다. 봉분이 만들어지고 그 위에 십자가가 꽂히고 장례식에 참석했던 손님들이 떠나자마자, 그는 이제 쓸쓸히 버려진 아내의 침대 앞에서 다시 한 번 무릎을 꿇었고, 곧이어 복수의 과업을 떠맡았다.

콜하스는 책상에 앉아, 그 자신이 타고난 권력에 의거하여, 트롱카의 지주 벤첼에게 그가 콜하스에게서 빼앗아 밭일을 시켜서 몰골로 만든 말들을 이 글을 본 시점으로부터 사흘 내에 콜하젠브뤼크로 데려와서 그가 직접 콜하스의 마구간에서 먹이를 주어 살찌우라고 강제하는 판결문을 작성했다. 콜하스는 이 문서를 말 탄 전령을 통해 그 지주에게 보내면서, 전령에게 문서를 전달한 후에 신속하게 콜하젠브뤼크로 돌아오라고 지시했다.

지주가 말들을 데려오지 않은 채로 사흘이 지나자, 콜하스는 헤르제를 불러서, 자신이 벤첼 지주에게 말들을 먹여 살찌우는 일과 관련해서 어떤 의무를 부과했는지 알려주고, 자신과 함께 말을 타고 트롱켄부르크 성으로 가서 그 지주를 데려오겠느냐, 또 이리 데려온 지주가 콜하젠브뤼크 마구간에서 게으름을 피우면 직접 채찍질을 하겠느냐고 물었다. 그러자 헤르제는 "주인님, 오늘 당장!"이라는 뜻의 환호를 질렀고, 모자를 마당에 내던지며, 매듭이 열 개 있는 채찍을 준비해서 그놈에게 채찍질의 참맛을 가르쳐주겠다고 다짐했다.

그리하여 콜하스는 집을 팔고, 아이들을 마차에 태워 국경 너머로 보내고, 밤이 올 즈음에 나머지 하인들까지 소집하여, 무슨 일이 있어도 변치 않는 황금처럼 그에게 충성하는 하인 일곱 명을 무장시키고 말에 태워 트롱켄부르크 성으로 출격했다.

***

이 작은 일당과 콜하스는 출발한 후 세 번째 밤이 올 즈음에 벌써, 성문 앞에 서서 대화하던 통행감시인과 성문지기를 말발굽으로 짓밟아 쓰러뜨리고 성 마당에 진입했고, 갑자기 마당의 모든 간이건물이 그들이 지른 불에 타며 요란한 소리를 내는 가운데, 헤르제는 서둘러 원형계단을 올라 성지기가 사는 탑으로 들어가서 반쯤 벗은 채로 놀고 있던 성지기와 관리인을 몽둥이와 창으로 습격했고, 콜하스는 지주 벤첼을 잡으러 성안으로 돌진했다. 심판의 천사가 강림하는 모습 그대로였다.

마침 지주는 함께 있는 젊은 친구들에게 말 장수가 보낸 판결문을 읽어주며 웃고 또 웃는 중이었는데, 성 마당에서 나는 말 장수의 목소리를 듣자마자 돌연 시체처럼 창백해져서 주위 사람들에게 "형제들, 피하시오!"라고 외치며 사라졌다. 큰 방에 들어선 콜하스는 트롱카 가문의 '한스'라는 지주가 다가오자 그의 멱살을 잡아 구석으로 내동댕이쳤다. 그 지주의 뇌가 쏟아져 나와 돌 위에 뿌려졌고, 하인들이 무기를 잡은 다른 기사들을 제압하고 흩어놓는 동안, 콜하스는 "트롱카의 지주 벤첼은 어디에 있느냐?"라고 물었다. 넋이 나간 사람들이 아무것도 몰라 멍하니 있자, 콜하스는 성의 좌우 날개로 통하는 두 방의 문들을 발로 차서 단번에 부수고 그 넓은 건물 곳곳을 뒤졌으나 아무도 발견하지 못했다.

그리하여 그는 욕설을 내뱉으며 성 마당으로 내려와 출구들을 봉쇄하라는 지시를 내렸다. 그러는 사이에 성과 그 좌우 날개는 간이건물들에서 옮겨 붙은 불에 타며 짙은 연기를 하늘로 내뿜기 시작했고, 슈테른발트가 부지런한 하인 세 명과 함께 꺼낼 수 있는 것이라면 무엇이든 전부 꺼내어 말들 사이에 훌륭한 전리품으로 쏟아 놓는 동안, 성지기의 처소에 난 창을 통해 성지기와 관리인의 시체와 그 처자식들이 헤르제의 환호 속에 떨어져 내렸다.

콜하스가 성의 계단을 내려올 때, 지주의 살림을 맡은 가정부가 그의 발 앞에 엎드렸다. 그녀는 통풍에 시달리는 늙은이였다. 그가 멈춰 서서 트롱카의 지주 벤첼은 어디에 있느냐고 묻자, 그녀는 힘없고 떨리는 목소리로, 예배당으로 달아난 것 같다고 대답했다. 그리하여 콜하스는 횃불을 든 하인 두 명을 불러, 열쇠가 없어서 못 여는 예배당 문을 지렛대와 도끼로 부수게 하고, 제단과 의자를 뒤엎었으나, 쓰라리고 분통하게도 지주를 발견하지 못했다.

콜하스가 예배당에서 돌아온 순간, 트롱켄부르크 성의 젊은 하인 하나가 불길에 휩싸이기 직전인 널찍한 석조 마구간에서 지주의 전투용 종마들을 끌어내기 위해 서둘러 달려왔다. 바로 그때 콜하스는 작은 초가지붕 헛간 안에 자신의 검은 말 두 마리가 있는 것을 보고 그 하인에게, 저 검은 말들은 왜 구하지 않느냐고 물었고, 하인은 마구간 문에 열쇠를 꽂으면서, 저 헛간은 이미 불길에 휩싸였다고 대답했다. 그러자 콜하스는 하인을 마구간 문에서 거칠게 밀쳐 내고 열쇠를 성벽 너머로 내던진 다음, 주위 사람들이 섬뜩하게 웃는 가운데, 하인을 칼등으로 무수히 때려서 불타는 헛간 안으로 억지로 밀어 넣어 검은 말들을 구하게 했다.

그러나 그 하인이 무너지기 직전인 헛간에서 말들을 끌고 공포에 질려 창백한 얼굴로 나왔을 때, 그의 눈앞에 콜하스는 보이지 않았다. 그가 성 마당의 하인들에게 가서 그를 자꾸 외면하는 말 장수에게, 이제 말들을 어떻게 해야 하느냐고 묻자, 콜하스는 갑자기 무시무시한 동작으로 발을 들어 올리더니, 만약에 그 발로 그를 찼더라면 그는 죽음을 면하지 못했겠지만, 대답 없이 밤색 말에 올라 성문으로 가서 침묵하며 날이 새기를 기다렸고, 한편 하인들은 계속 분주하게 돌아다녔다.

***

아침이 밝았을 때, 성은 마당을 에워싼 성벽까지 남김없이 타버린 뒤였고, 성안에는 콜하스와 일곱 하인 외에 아무도 없었다. 콜하스는 말에서 내려 이제 밝은 햇빛 아래 환하게 드러난 그곳을 다시한 번 구석구석 빠짐없이 조사했고, 그가 감행한 습격이 실패로 돌아갔다는 너무나 고통스러운 확신에 어쩔 수 없이 도달했다.

그리하여 그는 온통 쓰라리고 참담한 심정으로 하인 몇 명을 보내 지주가 달아난 방향에 대해서 정보를 수집하게 했다. 그를 특히 불안하게 만드는 곳은 에얼라브룬이라는 이름의 부유한 수녀원이었다. 물데 강가에 위치한 그 수녀원의 원장 안토니아 폰 트롱카는 경건하고 자비롭고 성스럽기로 인근에 명성이 자자했다. 불운한 콜하스가 생각하기에, 꼭 필요한 모든 것을 정말이지 몽땅 빼앗긴 그 지주는 자신의 고모이며 어린 시절의 선생인 그 수녀원장이 관할하는 그곳으로 피신했을 것이 불을 보듯 뻔했다.

이 같은 사정을 전해들은 콜하스는 성지기의 탑으로 올라갔다. 거기에 기거할만한 방이 하나 있었는데, 그는 그곳에서 이른바 "콜하스의 명령문"을 작성했다. 그 문서에서 그는 자신이 벌이는 정의로운 전쟁의 상대인 트롱카의 지주 벤첼에게 도피처를 제공하지 말라고 온 나라에 명하고, 신체형과 생명형과 재산이랄 만한 것 전부를 태워버리는 벌을 받아 마땅한 그 지주를 콜하스 자신에게 인도할 것을 그 지주의 친척과 친구를 포함한 모든 주민의 의무로 규정했다. 콜하스는 이 선언문을 여행자들과 낯선 이들을 통해 주변에 배포했다. 심지어 하인 발트만에게 선언문 한 부를 주면서 그것을 에얼라브룬 수녀원의 안토니아 원장에게 전하라는 지시도 내렸다.

이어서 그는 트롱켄부르크 성의 하인들 중에 지주에게 불만이 있고 전리품에 욕심이 있어 콜하스 밑으로 들어오기를 바라는 몇 명과 대화한 후, 그들을 보병처럼 석궁과 단검으로 무장시키고 말을 모는 하인 뒤에 앉는 법을 가르쳤다. 그리고 하인들이 그러모은 전리품 전부를 현금화하여 그 하인들에게 나눠준 후, 이 참담한 일에서 잠시 손을 떼고 성문 앞에서 몇 시간 동안 쉬었다.

***

정오 즈음에 헤르제가 콜하스에게 와서 그의 마음이 아주 막연한 짐작으로나마 그에게 이미 말했던 바가 옳다고 확인해주었다. 즉, 벤첼 지주가 에얼라브룬 수녀원에, 그의 고모 안토니아 폰 트롱카 여사 곁에 있다고 말이다. 지주는 성의 뒤편 성벽에 있는 문으로 빠져나가, 지붕 덮인 좁은 돌계단을 따라 엘베 강에 떠있는 배 몇 척을 향해 내려간 듯했다. 적어도 헤르제의 보고에 따르면, 지주는 자정쯤에 노도 키도 없는 조각배를 타고 엘프도르프라는 마을에 도착하여 트롱켄부르크 성의 화재 때문에 그곳에 모여 있던 사람들을 놀라게 했고, 이어서 마을의 마차를 타고 에얼라브룬 수녀원으로 향했다.

콜하스는 이 소식을 들으며 깊은 한숨을 내쉬었다. 그는 말들이 먹이를 먹었느냐고 물었고, 그렇다는 대답이 돌아오자, 무리에게 말에 타라는 지시를 내렸고, 겨우 세 시간 뒤에 에얼라브룬 수녀원 앞에 도착했다. 멀리 수평선에서 천둥소리가 은은하게 나는 가운데, 그가 현장에서 점화한 횃불을 들고 무리와 함께 수녀원으로 진입하고, 하인 발트만이 그에게 다가와 명령문을 잘 전달했다고 보고하는 순간, 콜하스는 수녀원장과 수녀원지기가 당황한 어조로 대화하면서 수녀원의 현관을 나서는 것을 보았다.

키가 작고 늙고 머리카락이 눈처럼 하얗게 센 남자인 수녀원지기가 콜하스에게 적대적인 눈빛을 날리면서 자신에게 갑옷을 입히게 하고 주변의 하인들에게 경종을 울리라고 배짱 좋게 외치는 동안, 여자인 수녀원장은 십자가에 못 박힌 예수를 표현한 은제 모형을 손에 들고 아마포처럼 창백한 얼굴로 경사로를 따라 내려와 모든 수녀들과 함께 콜하스의 말 앞에 엎드렸다.

칼을 손에 들지 않은 수녀원지기를 헤르제와 슈테른발트가 제압하여 인질 삼아 말들 사이로 끌고 가는 동안, 콜하스는 수녀원장에게, 트롱카의 지주 벤첼이 어디에 있느냐고 물었다. 이에 그녀가 열쇠들이 달린 커다란 고리를 자신의 허리띠에서 풀어내면서 떨리는 목소리로 "존엄한 콜하스여, 벤첼은 비텐베르크에 있소!"라고 대답하고 "신을 경외하고 부당한 행동을 삼가시오!"라고 덧붙이자, 콜하스는 만족스러운 복수를 하지 못해서 다시 지옥에 내동댕이쳐진 기분으로 말머리를 돌렸다.

그가 "불을 질러라!"라고 외치려는 찰라, 그의 바로 곁에 엄청나게 강한 벼락이 떨어졌다. 콜하스는 다시 수녀원장을 향해 말머리를 돌리면서 자신의 명령문을 전달받았느냐고 물었다. 수녀원장은 여린 목소리로 들릴락 말락 하게 "방금 받았소!" 하고 대답했다.

"언제 받았다고?"

"내 조카 벤첼이 이미 떠나고 두 시간이 지난 다음에 받았단 말이오. 정말이라고 신 앞에 맹세하겠소."

콜하스는 당장 잡아먹을 듯한 시선으로 하인 발트만을 바라보았고, 발트만은 더듬거리면서 수녀원장의 말이 옳음을 인정하고 비 때문에 물데 강물이 불어서 방금 전에야 이곳에 도착했다고 고백했다. 그리하여 콜하스는 마음을 가라앉혔다.

그때 갑자기 비가 억수 같이 쏟아져 횃불을 꺼뜨리고 돌이 깔린 바닥에서 요란한 빗소리를 내며 불운한 콜하스의 가슴을 아프게 했다. 그는 모자를 살짝 건드려 수녀원장에게 인사하고 말머리를 돌리고는 "형제들, 나를 따르라! 지주는 비텐베르크에 있다!"라고 외치면서 말에게 박차를 가하고 수녀원을 떠났다.

***

밤이 올 무렵, 콜하스는 대로 변의 여관에 들었다. 말들이 몹시 지친 탓에 그곳에서 하루를 묵어야 했다.

그리고 그는 고작 열 명의 인원으로 (이제 콜하스 일당은 열 명으로 불어나 있었다) 비텐베르크 같은 도시를 대적할 수는 없음을 잘 알았으므로, 두 번째 명령문을 작성했다. 이 명령문에서 그는 자신이 작센 영내에서 겪은 일을 간단히 이야기하고 나서, "상금과 여타의 전쟁 이익을 주겠다고 약속"하면서 "모든 기독교인의 공적인 트롱카의 지주에 맞서 일어설 것"을, 그의 표현을 그대로 옮기면 "모든 선한 기독교인"에게 촉구했다.

곧이어 공포한 또 다른 명령문에서 그는 자신을 "국가와 세계에 얽매이지 않았으며 오로지 신에게만 종속된 대장부"라고 칭했다. 이 칭호는 병적이고 기형적인 열광을 표현할 뿐이었지만, 그럼에도 콜하스의 돈이 짤랑거리는 소리와 전리품에 대한 기대와 맞물려, 폴란드와의 평화조약 때문에 밥벌이를 잃은 하층민들을 다수 불러 모으는 효과를 발휘했다. 그리하여 일당이 비텐베르크 성을 불사르려고 다시 엘베 강 오른편으로 돌아갈 때, 그 인원은 삼십여 명으로 불어나 있었다.

콜하스는 말들과 하인들과 함께 당시에는 음침한 숲에 둘러싸여있던 외딴 헛간, 벽돌로 지은 퇴락한 헛간에 매복했다. 그리고 변장시키고 명령문을 들려 시내로 보냈던 슈테른발트에게서 명령문이 시내에 알려졌다는 보고를 듣자마자 일당과 함께 출발하여, 성령강림절 전야, 주민들이 깊이 잠든 동안에 그 도시의 여러 구석에서 동시에 불을 놓았다. 그러면서 하인들은 변두리 지역을 약탈했고, 그는 교회 문설주에 포고문을 붙였다. "나, 콜하스가 도시에 불을 놓았다. 나에게 트롱카의 지주를 넘기지 않으면", 그의 표현을 그대로 옮기면, "그 지주를 찾기 위해 벽 뒤를 살필 필요가 없도록 도시를 깡그리 불살라버리겠다."는 내용이었다.

주민들은 이 유례없이 오만한 악행에 이루 말할 수 없이 당황했다. 다행히 바람이 꽤 잠잠한 여름밤이어서 불길은 건물 열아홉 채만 잿더미로 만들었지만, 그중에는 교회도 끼어있었다.

날이 밝을 무렵, 불길이 어느 정도 잡히자마자, 늙은 총독* 오토 폰 고르가스는 그 극악하고 광포한 놈을 잡아들이기 위해 50명 규모의 부대를 파견했다. 그러나 그 부대를 이끈 게르스텐베르크라는 지휘관이 아주 형편없게 처신하는 바람에, 부대를 파견한 결과로 콜하스가 몰락하기는커녕 무시무시한 전사라는 명성을 얻게 되었다. 무슨 말이냐면, 게르스텐베르크가 콜하스를 포위하여 압박할 생각으로 부대를 여러 분대로 나누었는데, 콜하스는 일당을 하나로 규

---

* Landvogt

합하여 그 고립된 분대 각각을 무찔렀고, 그 결과 벌써 이튿날 저녁에 도시의 희망이 걸린 그 부대 전체에서 콜하스에 대항하는 자가 단 한명도 남지 않았던 것이다.

이 전투에서 일당 몇 명을 잃은 콜하스는 다음날 아침에 다시 도시에 불을 질렀고, 그의 살인적인 계략이 워낙 훌륭했으므로, 다시금 수많은 집들과 교외의 헛간들 거의 전부가 잿더미가 되었다. 이와 동시에 그는 위에 언급한 명령문을 다른 곳도 아니라 시청 모퉁이에 다시 붙이고, 총독이 파견했으나 그에게 유린당한 지휘관 게르스텐베르크의 운명에 관한 소식도 함께 게시했다.

이 도발에 극도로 분개한 총독은 150명으로 이루어진 부대의 선봉을 여러 기사들과 함께 몸소 맡았다. 그는 트롱카의 지주 벤첼의 서면 요청을 받아들여, 벤첼을 도시에서 무조건 추방하기를 원하는 민중의 폭력으로부터 그를 보호하는 경비병을 제공하고, 습격에 대비하여 인근의 모든 마을에 경비병을 파견하고 도시를 둘러싼 성벽에도 초병들을 배치한 다음, 도시를 폐허로 만든 용을 잡기 위해 성 게르바시우스의 날에 직접 출정했다.

말 장수 콜하스는 충분히 영리해서 이 부대를 피할 수 있었다. 그는 교묘한 행군으로 도시에서 8킬로미터 떨어진 곳으로 총독을 유인한 뒤, 여러 계략을 써서 총독으로 하여금 그가 열세에 몰려 브란덴부르크로 달아났다고 착각하도록 만들었다. 그리고 전투 개시 후 세 번째 밤이 올 무렵, 콜하스는 갑자기 방향을 돌리고 질풍처럼 말을 달려 비텐베르크로 돌아와서 세 번째로 도시에 불을 질렀다.

변장하고 도시에 숨어든 헤르제가 이 끔찍한 작전을 실행했다. 불길은 강한 북풍을 타고 급격히 번져, 채 세 시간이 지나기 전에 주택 마흔두 채와 교회 두 채, 수도원과 학교 여러 곳, 총독부 건물까지 잿더미로 만들었다. 적이 브란덴부르크 땅에 있다고 믿다가 날이 샐 무렵에 방화 소식을 듣고 황급히 돌아온 총독은 도시 전체가 들끓는 것을 발견했다.

군중 수천 명이 빗장과 말뚝으로 단단히 폐쇄된 벤첼 지주의 집 앞에 모여 그를 도시에서 추방할 것을 엄청난 함성으로 요구하고 있었다. 시 당국 전체가 현장에 있었는데, 관복 차림으로 맨 앞에 선 두 시장 옌켄스와 오토는*, 벤첼 지주도 여러 이유 때문에 드레스덴으로 가기를 원하지만, 그를 거기로 보내도 된다는 허가를 받기 위해 총리실장**에게 보낸 급사(急使)가 돌아오기를 반드시 기다려야 함을 군중에게 이해시키려고 헛되이 애썼다.

몽둥이와 꼬챙이로 무장한 비이성적인 군중은 이들의 말에 대꾸하지 않았다. 군중이 강력한 조처를 요구하는 관료 몇 명의 가혹 행위에도 아랑곳없이 지주가 있는 집으로 돌진하여 점령하고 완전히 파괴하려는 순간, 오토 폰 고르가스 총독이 기마대의 선봉에 서서 도시에 나타났다. 단지 나타나는 것만으로도 민중의 경외심과

---

* 독일의 대도시에는 총괄시장Oberbürgermeister 아래에 시장이 여러 명 있다.
** Präsident der Staatskanzlei

복종을 일으키는 데 익숙한 이 위엄 있는 인물은 작전에 실패하고 돌아오는 길에 말하자면 꿩 대신 닭으로 살인방화범 일당에서 낙오한 하인 세 명을 성문 바로 앞에서 운 좋게 붙잡았다. 그 하인들이 군중의 면전에서 사슬에 묶이는 동안, 총독은 영리하게 시 당국 관리들에게 말을 걸어, 자신이 콜하스를 추적하는 중인데 머지않아 그를 포박하여 끌어올 생각이라고 단언했다.

총독은 이 모든 유화적인 정황의 힘을 통해 군중의 공포를 해소하고, 급사가 드레스덴에서 돌아올 때까지 지주가 도시에 머무는 것에 대한 불안도 어느 정도 누그러뜨리는 데 성공했다. 그가 기사 몇 명과 함께 말에서 내려 울타리와 말뚝을 철거하고 집 안으로 들어가서 보니, 지주는 진액과 자극제로 그를 되살리려 애쓰는 의사 두 명의 보살핌 아래 까무러치고 깨어나기를 반복하고 있었다.

오토 폰 고르가스 총독은, 지금은 지주가 불러일으킨 소란에 대해 논의하기에 부적절한 때라고 느껴 다만 고요한 경멸의 눈빛으로 지주를 보면서, 옷을 입고 지주 자신의 안전을 위해 그를 따라 귀족 감옥으로 가자는 말만 했다.

지주가 주위 사람들의 도움으로 가죽조끼와 투구를 착용하고 아직 숨이 답답해서 가슴을 반쯤 열어젖힌 채로 총독과 자신의 자형 폰 게르샤우 백작의 부축을 받으며 거리에 나타나자, 지주를 향한 천박하고 섬뜩한 저주의 함성이 하늘로 치솟았다. 용병들이 가까스로 통제한 군중은 지주를 흡혈귀, 나라와 백성에 해를 끼치는 참담한 골칫거리, 비텐베르크 시에 내린 저주, 작센을 더럽히는 쓰레기로 칭했다. 폐허가 된 도시를 비참하게 통과하는 동안, 지주의 투구가 여러 번 벗겨졌지만, 그는 그런 줄도 몰랐고, 뒤에 있던 기사가 그의 투구를 다시 씌워주었다. 마침내 행렬이 감옥에 이르러 지주는 삼엄하게 경비된 탑 안으로 사라졌다.

한편 선제후의 결정문을 가지고 돌아온 급사는 도시에 새로운 걱정거리를 안겨주었다. 이미 드레스덴 시민들로부터 긴급 청원서를 직접 받은 정부는 그 살인방화범에게 압도되어 지주의 국내 체류에 대해서는 아무 관심이 없었다. 오히려 정부는 총독에게 어차피 지주는 어딘가에 머물러야 하므로 그를 지금 있는 곳에서 총독에게 주어진 권력으로 보호하라고 명령하면서, 그 대신에 좋은 도시 비텐베르크의 불안을 가라앉히려고, 프리트리히 폰 마이센 왕자가 이끄는 500명 규모의 군대가 비텐베르크를 그 살인방화범으로부터 보호하기 위해 이미 출발했다고 알렸다.

총독은 이런 식의 결정문이 민중의 불안을 전혀 가라앉힐 수 없음을 잘 알았다. 그 말 장수가 비텐베르크 시를 상대로 여러 곳에서 거둔 작은 승리들로 인해 그의 세력에 관해서 대단히 불길한 소문이 돌고 있었다. 게다가 그가 칠흑 같은 밤에 변장한 졸개들을 통해 송진과 지푸라기와 유황으로 벌이는 전쟁은 마이센의 왕자가 제공할 보호보다 더 강력한 보호조차도 무용지물로 만들 만했다. 총독은 잠시 고민한 뒤에 자신이 받은 결정문을 철저히 비밀에 부치기로 결심하고, 마이센의 왕자가 자신의 도착을 알리기 위해 보낸 편지만 시내 곳곳에 게시했다.

날이 샐 무렵, 포장마차 한 대가 중무장한 기마병 네 명의 호위를 받으며 감옥 마당에서 나와 라이프치히로 이어진 길을 따라 떠났는데, 그 기마병들은 마차가 플라이센부르크 성*으로 간다는 말을 슬그머니 흘렸다. 그리하여 화재와 칼부림을 불러오는 불길한 지주에 대한 민중의 원성이 가라앉자, 총독은 직접 300명 규모의 군대를 거느리고 프리트리히 폰 마이센 왕자와 합류하기 위해 출발했다.

그러는 사이에 콜하스 일당은 그가 세상에서 차지한 특별한 지위 덕분에 정말로 109명으로 늘어났다. 야센에서 무기를 확보하여 일당을 완전무결하게 무장한 상태에서, 두 개의 먹구름이 몰려온다는 정보를 입수한 콜하스는 그 먹구름들이 자신을 덮치기 전에 폭풍처럼 신속하게 대응하기로 결심했다. 그리하여 그는 당장 이튿날 밤에 뮐베르크 근처에서 폰 마이센 왕자를 습격하여, 비록 초반 총격전에서 헤르제를 잃는 큰 슬픔을 겪었지만, 이 상실로 악에 받쳐 세 시간 동안 전투를 이어가며 전장에서 집중력을 발휘하지 못한 왕자를 몰아붙여, 왕자가 신체 여러 부위에 입은 심한 부상과 군대의 완전한 무질서 때문에 날이 샐 무렵에 드레스덴을 향해 퇴각할 수밖에 없게 만들었다.

---

* 라이프치히 외곽의 성

이 승리에 기고만장한 콜하스는 총독이 소식을 들을 새도 없이 다시 그를 향해 진격하여 대낮에 다메로브라는 마을 근처 평원에서 그를 급습했고, 비록 아군의 사망도 발생했으나 적군에게도 똑같은 피해를 입히면서 어둠이 내릴 때까지 전투를 치렀다. 만약에 총독이 뮐베르크 근처에서 왕자가 당한 패배의 소식을 척후병으로부터 듣지 못했더라면, 또는 그 소식을 듣고도 비텐베르크로 돌아가 더 나은 때를 기다리는 것이 상책이라고 판단하지 않았더라면, 정말이지 콜하스는 다메로브 교회 묘지로 피신한 총독과 그 잔당을 이튿날 아침에 틀림없이 다시 공격했을 것이다.

이렇게 두 군대가 격파된 지 닷새 후에 콜하스는 라이프치히에 도착하여 세 방향에서 도시에 불을 질렀다. 이 방화와 더불어 배포한 명령문에서 그는 자신을 "이 소송에서 지주의 편을 드는 모든 자에게 온 세상을 뒤덮은 간사함에 대한 책임을 물어 불과 칼로 벌을 내리기 위해 온 대천사 미하엘의 대리인"으로 칭했다. 그러면서 그는 기습 점령한 뤼첸 성에 진을 치고 민중에게 더 나은 세상을 만들기 위해 그와 합세할 것을 호소했다. 명령문은 다음과 같은 기괴한 문구로 마무리되었다. "우리의 임시 세계정부의 거점, 위대한 뤼첸 성에서 배포함."

라이프치히 주민들의 입장에서는 다행스럽게도, 지속적으로 내린 비 때문에 불은 번지지 못했고, 기존의 소방시설들을 신속하게 가동한 결과, 플라이센부르크 성 주변의 잡화점 몇 곳만 불길에 휩싸웠다. 그럼에도 도시는 미치광이 살인방화범의 존재와 벤첼 지주가 라이프치히에 있다는 그의 착각에 형언할 수 없을 정도로 경악했다. 게다가 그를 대적하기 위해 파견한 180명 규모의 기마대가 패배하여 도시로 퇴각하자, 도시의 재물을 포기하기 싫은 시 당국은 성문을 완전 봉쇄하고 성벽 밖에서 밤낮으로 도시를 지키라고 지시하는 것 외에 달리 방도가 없었다.

시 당국은 지주 벤첼이 플라이센부르크 성에 없다고 분명하게 밝히는 포고문을 주변 마을들에 붙였으나, 그것은 부질없는 조치였다. 말 장수 콜하스도 비슷한 포고문들을 게시하여 그 지주가 플라이센부르크 성에 있다고 우기면서, 설령 그가 거기에 없다 하더라도, 적어도 콜하스 자신은 그가 있는 곳의 지명을 전해들을 때까지는 그가 거기에 있다고 치고 행동할 것이라고 선언했다.

라이프치히 시가 곤경에 처했다는 소식을 급사를 통해 들은 선제후는 당장 2,000명 규모의 군대를 소집하고 그 자신이 직접 선봉에 서서 콜하스를 체포하겠다고 선언했다. 선제후는 오토 폰 고르가스 총독이 그 살인방화범을 비텐베르크 지역 바깥으로 유인하려고 부린 경솔하고 모호한 잔꾀와 관련해서 그를 심하게 나무랐다. 그리고 라이프치히 주변 마을들에 콜하스를 겨냥한 작자 미상의 공고문이 "벤첼 지주는 그의 사촌인 힌츠와 쿤츠 곁에, 즉 드레스덴에 있다."는 내용으로 나붙었다는 소식을 드레스덴 사람들이 들었을 때, 작센 전체와 특히 그 수도가 얼마나 큰 혼란에 휩싸였는지는 아무도 형언할 수 없다.

***

　이런 상황에서 마르틴 루터 박사가, 그가 세상에서 차지한 지위를 통해 얻은 명망에 의지하고 유화적인 말의 힘을 수단으로 삼아, 콜하스를 인간적 질서의 울타리 안으로 복귀시키는 일을 맡았다. 그는 그 살인방화범의 가슴에도 건전한 요소가 있다고 믿으면서 다음과 같은 내용의 게시문을 작성하여 작센 영내의 모든 도시와 지역에 붙이게 했다.

　정의의 칼을 휘두르라는 임무를 띠고 파견되었다고 자처하는 너, 콜하스, 오만불손한 자여. 캄캄하게 눈먼 격정으로 망상에 빠져 머리부터 발끝까지 부정의로 가득 찬 너는 무슨 짓을 하고 있느냐? 너의 상전인 군주가 너의 권리를 부정했다는 이유로 모든 희망을 잃은 너는 하찮은 재물을 둘러싼 분쟁에서 너의 권리를 불과 칼로 옹호하고, 군주가 보호하는 평화로운 공동체에 사막의 늑대처럼 뛰어드는구나. 너, 허위와 계략으로 가득 찬 이 같은 허풍으로 사람들을 속이는 죄인아. 언젠가, 모든 사람의 속마음 구석구석에 빛이 드리울 그날에 네가 신 앞에서 무사할 것 같으냐? 경박한 첫 시도들이 실패로 돌아가자 권리를 되찾으려는 노력을 완전히 포기한 너, 치졸한 복수욕에 들떠 포악한 마음을 품은 네가, 너의 권리가 부정되었다고 과연 말할 수 있느냐? 너의 당국에는 편지를 중간에서 가로채

거나 보고해야 할 사항을 감추는 행정관들과 부하들만 있느냐? 너, 신을 망각한 인간아. 너의 당국은 네 사정에 대해서 아무것도 모른 다는 말을 내가 너에게 꼭 해야 하겠느냐? 네가 타도하려는 군주는 너의 이름조차 모른다. 그러므로 언젠가 네가 신 앞에 나아가 군주 를 고발하더라도, 군주는 밝은 표정으로 '주여, 나는 이 사람에게 부 당한 짓을 하지 않았습니다. 나의 영혼은 이 사람을 모릅니다.'라고 말할 수 있을 것이다. 내가 이런 말을 꼭 해야겠느냐? 네가 휘두르 는 칼은 복수욕과 살인욕의 칼이요, 너는 정의로운 신의 전사가 아 니라 반역자요. 너의 종착점은 이승에서는 거열형*틀과 교수대에 매 달리는 것, 저승에서는 신을 버리고 악행을 한 대가로 지옥에 떨어 지는 것임을 알라.

비텐베르크에서
마르틴 루터

이 게시문이 밤에 뤼첸 성 입구에 붙여진 것을 슈테른발트와 발 트만이 발견하고 몹시 당황했을 때, 콜하스는 (그는 마을들에 나붙 은 작자 미상의 공고문을 거들떠보지 않았다. 왜냐하면 거기에는 그가 요구한 시장의 서명은커녕 어느 누구의 서명도 없었기 때문이 다) 그 성에서 분통을 삭이며 라이프치히를 불사를 계획을 새로 궁

---

* 죄인의 다리를 두 대의 수레에 한쪽씩 묶어서 몸을 두 갈래로 찢어 죽이는 형벌

리하고 있었다. 두 하인은 콜하스에게 나아가 그 게시문에 대해 보고하기가 싫어서 며칠 동안 그가 그것을 직접 발견하기를 바랐으나, 그것은 부질없는 기대였다. 그는 저녁 시간에 그들 앞에 나타나기는 했지만, 혼자만의 골똘한 생각과 적의에 잠겨 짧은 명령만 내릴 뿐, 아무것도 보지 못했다.

그리하여 그들은 어느 날 아침, 콜하스가 자신의 뜻을 거스르고 인근 지역을 약탈한 하인 몇 명을 교수형에 처하려 할 때, 그로 하여금 그 게시문에 주목하게 만들기로 결심했다. 그리하여 콜하스가, 양편의 군중이 조심스럽게 물러서는 가운데, 마지막 명령문을 작성한 이래 그에게 익숙해진 행렬을 이뤄 교수형장에서 돌아왔을 때, 그러니까 금술로 치장한 커다란 지품천사의 칼이 붉은 가죽 쿠션 위에 놓인 채로 그를 앞서 가고 타오르는 횃불을 든 하인 열두 명이 그의 뒤를 따르는 행렬로 돌아왔을 때, 슈테른발트와 발트만은 칼을 겨드랑이에 낀, 콜하스가 의아하게 여길 것이 뻔한 자세로 그 게시문이 붙은 기둥 주위를 종종걸음으로 맴돌았다. 생각에 잠겨 뒷짐을 지고 성문 앞에 다다른 콜하스는 멈칫하며 눈을 부릅떴다. 그의 시선이 닿자 하인들은 공손히 물러났고, 그는 그들을 멍하니 바라보며 서둘러 몇 걸음을 옮겨 기둥에 접근했다.

그러나 그가 거기에 붙은, 그를 부당하다고 비난하는 내용의, 더구나 그가 아는 가장 존경스럽고 고귀한 인물 마르틴 루터의 이름이 적힌 그 게시문을 보았을 때, 그의 영혼에서 일어난 일을 누가 묘사할 수 있겠는가! 그의 안색은 검붉게 바뀌었다. 그는 중간에 투구까지 벗으면서 게시문을 처음부터 끝까지 두 번 읽고 나서, 확신이 서지 않는 듯한 눈빛으로 무언가 말하려는 듯이 하인들을 향해 몸을 돌렸다가 아무 말도 하지 않은 채, 벽에서 게시문을 떼어 다시 한 번 정독했다.

그러더니 "발트만! 내 말에 안장을 얹어라!", 이어서 "슈테른발트! 나를 따라 성안으로 가자!" 하고 외치고는 사라졌다. 이 몇 마디 말만으로 콜하스는 황폐해졌던 마음을 불현듯 추슬렀다. 그는 튀링겐 지방의 소작농으로 변장하고, 슈테른발트에게 자신은 중요한 일로 비텐베르크에 가야 한다면서 가장 유능한 하인 몇 명이 보는 앞에서 그에게 뤼첸에 남을 일당에 대한 지휘권을 넘겼다. 그리고 자신은 사흘 후에 돌아올 텐데 그 안에 공격을 당할 염려는 없다고 장담하면서 비텐베르크로 떠났다.

***

콜하스는 가명으로 어느 여관에 들었고, 밤이 오기 무섭게 외투를 걸치고 트롱켄부르크 성에서 노획한 권총 두 자루를 품고 루터의 방에 들어갔다. 책상 앞에 앉아 문서와 책에 둘러싸여 있던 루터는 낯설고 특이한 사내가 들어와 문에 빗장을 지르는 것을 보고, 누구냐고, 무엇을 원하느냐고 물었고, 모자를 공손하게 벗어 든 그 사내는 루터가 놀라리라는 예감에 조심스럽게 머뭇거리다가, 자신은 말 장수 미하엘 콜하스라고 대답했다. 루터가 곧바로 "저만치 물러나거라!" 하고 외치며 자리에서 일어나 서둘러 경종을 향해 움직이면서 "너의 호흡은 페스트요, 너의 접근은 타락이니라."라고 덧붙이자, 콜하스는 한 발자국도 움직임 없이 권총을 꺼내들고 이렇게 말했다.

"참으로 존귀하신 선생님, 만일 선생님께서 종을 건드리시면, 이 권총이 제 생명을 앗아가 저의 시체가 선생님의 발 앞에 누울 것입니다. 앉아서 제 말을 들으십시오. 천사들의 노래를 기록하시는 선생님, 선생님은 천사들에게 둘러싸여 있을 때보다 제 곁에 있을 때 더 안전하십니다."

"원하는 것이 무엇이냐?" 루터가 앉으면서 물었다.

콜하스가 대답했다. "제가 그릇된 인간이라는 선생님의 견해를 반박하고자 합니다! 선생님은 게시문에서 당국이 제 사정을 모른다고 말씀하셨습니다. 좋습니다, 안전 통행을 보장해주십시오. 제가 직접 드레스덴에 가서 당국에 제 사정을 알리겠습니다."

이 말에 당황함과 동시에 침착해진 루터가 "구원받지 못할 끔찍한 인간아!"라고 외치고는 이렇게 덧붙였다. "네 멋대로 내린 판결에 따라 트롱카의 지주를 습격하고, 그의 성에서 그를 발견하지 못하자 그를 보호하는 공동체 전체를 불과 칼로 유린할 권리를 도대체 누가 너에게 주었느냐?"

콜하스가 대답했다. "참으로 존귀하신 선생님, 예전이라면 제가 다르게 대답했겠지만, 이제부턴 아무도 주지 않았다고 말씀드리겠

63

습니다. 제가 드레스덴으로부터 받은 소식 하나가 저를 속여 그릇된 길로 이끌었습니다! 선생님이 저에게 확언하신 대로 제가 인간 공동체에서 쫓겨난 것이 아니라면, 제가 인간 공동체를 상대로 벌이는 전쟁은 악행입니다!"

"쫓겨났다고?" 루터가 콜하스를 바라보며 외쳤다. "너는 대체 무슨 망상에 빠져있는 것이냐? 누가 너를 네가 사는 국가 공동체에서 쫓아냈느냐? 아니, 국가들이 존재하는 한에서, 어떤 사람이든 간에 자기 국가에서 쫓겨나는 경우가 세상에 어디 있느냐?"

"제가 말씀드리는 쫓겨난 사람이란……" 콜하스가 주먹을 쥐며 대답했다. "법의 보호를 받지 못하는 사람입니다! 저의 평화로운 생업이 번창하려면 법의 보호가 필요합니다. 제가 저를 따르는 무리와 함께 이 공동체로 피난한 것은 정말이지 법의 보호를 받기 위해서였습니다. 저에게 법의 보호를 허락하지 않는 것은 저를 외딴 황무지로 쫓아내는 것과 같습니다. 제 손에 몽둥이를 들려주어 저 자신을 스스로 보호하게 하는 것과 같습니다."

"누가 너에게 법의 보호를 허락하지 않았단 말이냐?" 루터가 외쳤다. "네가 군주에게 올린 고소장을 군주는 모른다고 내가 쓰지 않았더냐! 설령 관료들이 군주의 등 뒤에서 이를테면 소송을 제멋대로 처리하는 식으로 군주 몰래 그의 신성한 이름을 더럽힌다 하더라도, 신을 제외한 어느 누가 군주에게 그런 관료들을 뽑은 책임을 물을 수 있겠느냐? 신의 버림을 받은 끔찍한 인간인 네가 군주를 심판할 자격이 있느냐?"

"좋습니다." 콜하스가 대꾸했다. "군주께서 저를 쫓아내지 않으신다면, 저도 군주의 보호를 받는 공동체로 복귀하겠습니다. 거듭 드리는 말씀이지만, 제가 드레스덴으로 안전하게 갈 수 있게 해주십시오. 그러면 저는 뤼첸 성에 모아놓은 무리를 해산하고 제가 올렸으나 기각된 고소장을 다시 한 번 국가의 법정에 제출하겠습니다."

루터는 불쾌한 표정으로 책상 위의 문서들을 간추리며 침묵했다. 이 특이한 인간이 국가 안에서 차지한 반항적인 지위가 그의 짜증을 돋웠다. 루터는 콜하스가 콜하젠브뤼크에서 벤첼 지주에게 내린 판결을 염두에 두고 그에게 그럼 드레스덴 법정에 무엇을 요구할 셈이냐고 물었다.

콜하스가 대답했다. "지주를 법에 따라 처벌하고, 말들을 원래 상태로 되돌려놓고, 뮐베르크 근처에서 쓰러진 저의 하인 헤르제와 제가 당한 폭행의 피해를 보상해달라고 요구할 것입니다."

루터가 외쳤다. "피해 보상! 너는 야만적인 복수를 위해 어음도 쓰고 담보도 잡히면서 유대인과 기독교인을 가릴 것 없이 여러 사람에게서 수천 굴덴을 차용했다. 나중에 갚을 때가 되면, 그 금액도 보상해 달라고 요구할 셈이냐?"

"하느님, 굽어살피소서!" 콜하스가 대꾸했다. "저는 제가 소유했던 집과 농장과 윤택한 삶을 돌려달라고 요구하지 않습니다. 제 아내의 장례비용도 요구하지 않고요! 헤르제의 노모가 치료비 계산서와 헤르제가 트롱켄부르크 성에서 입은 피해에 관한 세부 명세서를 제출할 겁니다. 그리고 제가 그 검은 말들을 팔지 못해서 입은 손해는 정부가 전문가들에게 의뢰해서 산정해도 좋습니다."

루터가 "도무지 이해할 수 없는 끔찍한 미치광이로군."이라고 내뱉고 콜하스를 바라보며 덧붙였다. "너의 칼이 지주를 상대로 상상할 수 있는 가장 잔인한 복수를 하고난 이 마당에, 지주에 대한 유죄판결을 고집하는 이유가 무엇이냐? 결국 유죄판결이 내려져도 지주가 받을 피해는 아주 미미할 텐데, 왜 고집을 부리는 것이냐?"

콜하스가 뺨 위로 눈물을 떨어뜨리며 대답했다. "참으로 존귀하신 선생님! 제 아내가 희생되었습니다. 나, 콜하스는 그녀가 그릇된 짓을 하다가 죽은 것이 아님을 온 세상에 보여주고자 합니다. 이 부분에서만큼은 선생님께서 제 의지를 따르셔서 법정으로 하여금 그렇게 발표하게 해주십시오. 그밖에 의견이 엇갈릴 만한 모든 부분에서는 제가 선생님을 따르겠습니다."

루터가 말했다. "잘 들어라. 만일 실제 상황이 많은 사람들이 이야기하는 바와 다르다면, 너의 요구는 정당하다. 너는 네 멋대로 복수를 감행하기 전에 분쟁을 군주의 결정에 맡길 줄 알아야 했다. 내가 확신하건대 만약에 그랬다면, 너의 요구는 조목조목 승인되었을 것이다. 네가 모든 것을 잘 헤아려서 더 낫게 행동했어야 하지 않겠느냐? 구세주를 위하여, 지주를 용서하고, 여위어 비실비실한 검은 말들을 건네받아 타고 콜하젠브뤼크로 돌아와 너의 마구간에서 그

녀석들을 먹여 살찌웠어야 하지 않겠느냐?"

콜하스가 대답했다. "일리 있는 말씀이십니다!" 이어서 창가로 가며 덧붙였다. "하지만 그렇지 않을 수도 있습니다! 만약에 사랑하는 아내의 심장에서 나온 피로 그 말들을 일으켜 세워야 할 것을 제가 알았다면, 참으로 존귀하신 선생님, 저는 선생님이 말씀하신 대로 했어야 옳을 것입니다. 녀석들에게 먹일 귀리 한 자루를 아낄 일이 아니었지요. 그러나 그 녀석들을 일으켜 세우기 위해 이토록 큰 대가를 치르고 난 지금, 제가 보기에 사태는 이미 걷잡을 수 없게 되었습니다. 부디 저에게 적합한 판결이 내려지고 그 지주가 저를 대신해서 그 검은 말들을 먹이게 해주십시오."

루터가 이런저런 생각에 잠겨 다시 문서들을 집으면서 말하기를, 자신이 콜하스의 사정에 대해서 선제후와 협의하겠으니 그러는 동안에 콜하스는 뤼첸 성에 조용히 머물기 바란다고 했다. 군주가 콜하스의 안전 통행을 보장하면, 사람들이 그 소식을 공고문을 통해 콜하스에게 알릴 것이라고도 했다.

"물론……" 콜하스가 루터의 손에 입 맞추려고 허리를 굽혔을 때, 루터가 덧붙였다. "선제후께서 정의 대신에 자비를 선택하실지 여부는 나도 모른다. 내가 듣기로 선제후는 군대를 소집했고 곧 뤼첸 성을 공격하여 너를 체포할 것이라고 한다. 거듭 말하지만, 나의 노력으로 선제후의 선택을 바꿀 수는 없을 것이다." 루터는 이렇게 말하며 자리에서 일어나 콜하스를 내보낼 준비를 했다. 콜하스는 루터가 중간에서 잘 말해준다면 자신은 전적으로 안심할 수 있다고 말했다.

이어서 루터가 손을 들어 콜하스에게 인사하는 순간, 갑자기 콜하스가 루터 앞에 한 무릎을 꿇고, 청할 것이 하나 더 있다고 말했다. 무슨 청이냐면, 그는 성령강림절마다 성찬식에 참석하곤 했는데 지난 성령강림절에는 이 전쟁을 치르느라 교회에 빠졌으니, 루터가 호의를 베풀어 다른 준비 할 것 없이 지금 그의 고해(告解)를 받아주고 그 대가로 그에게 성찬식의 축복을 내려주면 안되겠느냐는 것이었다. 루터는 잠시 고민한 후에 콜하스를 쏘아보며 말했다.

"그래, 콜하스. 그렇게 하마! 하지만 잘 들어라. 네가 간청하는 성찬은 주님의 살이고, 주님은 원수를 용서하셨다."

콜하스가 난처한 표정으로 루터를 바라보았고, 루터는 이렇게 덧붙였다.

"너도 주님처럼 너를 괴롭힌 그 지주를 용서하겠느냐? 트롱켄부르크 성으로 가서 네 소유의 검은 말들에 타고 콜하젠부르크로 돌아가서 그 말들을 먹여 살찌우겠느냐?"

"참으로 존귀하신 선생님." 콜하스가 상기된 얼굴로 루터의 손을 잡으며 말했다.

"그래, 말해 보거라."

"주님도 모든 원수를 용서하시진 않았습니다. 저의 군주이신 두 선제후님들, 성지기와 관리인, 힌츠 나리와 쿤츠 나리, 그 밖에 이 일로 저에게 피해를 준 모든 사람을 용서할 용의가 있습니다. 그러나 그 지주만큼은 안 됩니다. 되도록이면, 그 지주로 하여금 저를 대신해서 그 검은 말들을 먹여 다시 살찌우도록 강제해 주십시오."

이 말을 들은 루터는 마뜩치 않은 표정으로 콜하스에게 등을 돌리고 경종을 울렸다. 종소리를 듣고 달려온 조수가 문 밖에서 불빛으로 자신의 존재를 알리는 가운데, 콜하스는 황급히 눈물을 닦으며 바닥에서 일어났다. 조수가 빗장이 질러진 문을 붙들고 헛되이 힘을 쓰는데도 루터는 다시 문서들이 놓인 책상으로 돌아가 앉았으므로, 콜하스가 조수를 위해 문을 열어주었다. 루터가 방에 있는 낯선 사내를 눈짓으로 재빨리 가리키며 조수에게 말했다. "등불을 밝혀주어라!" 손님을 보고 약간 놀란 조수는 벽에 걸린 집 열쇠를 집어 들고 반쯤 열린 문 밖으로 다시 나가 손님이 출발하기를 기다렸다.

콜하스가 양손으로 모자를 쥐면서 절실한 심정으로 말했다. "지극히 존귀하신 선생님, 그러니까 제가 선생님께 간청한 화해 중재의 축복을 저는 받을 수 없는 것입니까?"

루터가 짧게 대답했다. "너와 구세주 사이의 화해를 중재할 수는 없다. 그러나 너와 군주 사이의 화해는, 내가 이미 약속했듯이, 중재해보마." 이 말과 함께 루터는 조수에게 콜하스가 일으킨 소란을 지체 없이 마무리 지으라는 뜻을 눈짓으로 전달했다. 콜하스는 통증을 느끼는 듯한 표정으로 양손을 가슴에 얹고, 계단에 불빛을 비추는 조수의 뒤를 따라 사라졌다.

***

　이튿날 아침, 루터는 작센 선제후에게 편지를 보냈다. 거기에서 그는 선제후의 측근에 있는 트롱카 가문의 회계담당관 쿤츠와 음료 담당관 힌츠가 콜하스가 제기한 소송을 널리 알려진 대로 기각한 것을 호되게 비판한 다음, 특유의 솔직함으로 군주에게, 이런 불미스러운 상황에서는 그 말 장수의 제안을 받아들이고 그가 소송을 재개할 수 있도록 그를 사면하여 이제껏 벌어진 일에 대한 책임을 묻지 않는 길밖에 달리 방도가 없다는 의견을 밝혔다.

　아주 위험하게도 여론은 콜하스의 편이어서 심지어 그가 세 번이나 불 지른 비텐베르크에서도 그를 두둔하는 목소리가 들릴 정도이며, 만일 그의 제안이 거부되면, 그는 그 사실을 악의적인 해석과 함께 민중에게 알릴 것이 뻔한데, 민중은 쉽게 그릇된 방향으로 이끌리므로, 자칫하면 국가의 강제력으로 콜하스를 막을 수 없게 될 수도 있다고 루터는 지적했다.

　이런 비상 상황에서는, 무장한 일개 국민과 협상하는 것에 대한 거리낌을 버려야 한다고, 실제로 그 무장 국민은, 그가 공공연히 당한 대우 때문에, 말하자면 국가에의 예속을 벗어난 자가 되어버렸다고, 간단히 말해서 그를 군주에게 반발하여 일어선 반역자로 간주하기보다 오히려 이 나라에 침입한 외부 세력으로 간주해야 한다고, 실제로 그는 외국인이므로 그렇게 간주될 자격이 없는 것도 아니라고 루터는 결론지었다.

선제후가 이 편지를 받았을 때 궁 안에는 뮐베르크 근처에서 패배할 때 입은 부상으로 아직 자리보전을 하고 있는 프리트리히 폰 마이센 왕자의 삼촌이며 총사령관인 크리스티어른 폰 마이센 왕자, 대법관 브레데 백작, 총리실장 칼하임 백작, 트롱카 가문 출신이고 군주의 측근이며 어린 시절 친구인 회계담당관 쿤츠와 음료담당관 힌츠가 있었다.

군주자문위원 자격으로 군주의 이름과 문장(紋章)을 사용할 권한을 가지고 군주의 사적인 편지를 관리하는 회계담당관 쿤츠가 맨 먼저 입을 열어, 그릇된 보고 때문에 자신은 그 말 장수가 자신의 사촌인 벤첼 지주를 상대로 법정에 제기한 소송을 전혀 근거 없고 쓸모없는 불평으로 오해했었는데, 그런 오해만 없었더라면 절대로 그 소송을 자의적으로 기각하지 않았을 것이라고 다시 한 번 장황하게 해명한 다음, 현재의 상황에 대해 이야기하기 시작했다.

회계담당관은 신의 법으로 보나 인간의 법으로 보나 그 말 장수는 이 오해를 빌미로 삼아 그런 끔찍한 복수를 실행할 권한이 없다고 지적했고, 그를 합법적 전쟁 세력으로 간주하여 협상을 벌일 경우에 그 악독한 자의 머리에 부여될 광채를 묘사했다. 또 그 협상으로 인해 신성한 선제후에게 되 튈 치욕은 그가 보기에 도무지 참을 수 없는 것이어서, 그로서는 루터 박사의 제안이 받아들여지는 꼴을 보느니 차라리 그 미친 반역자의 판결이 집행되어 그의 사촌 벤첼이 그 검은 말들을 먹여 살찌우기 위해 콜하젠브뤼크로 끌려가는 극단적인 꼴을 보겠다고 열변을 토했다.

대법관 브레데 백작은 반쯤만 쿤츠를 향해 몸을 돌리고, 불쾌하기 이를 데 없는 이 사태를 해결해야 할 이 시점에 쿤츠가 군주의 명예를 위해 기울이는 극진한 정성이 애당초 이 사태가 유발될 당시에 쿤츠의 마음을 채우지 않은 것이 유감스럽다고 밝혔다. 대법관은 명백히 불법적인 조처를 관철하기 위해 국가 강제력을 동원하는 것에 대한 우려를 선제후에게 전달하고, 그 말 장수가 이 나라에서 줄곧 큰 호응을 얻었다는 점을 주목하면서, 이런 식이라면 극악한 행위들이 끝없이 이어질 위험이 있다는 지적과 함께, 그 위험을 막고 정부를 이 불미스러운 소송에서 행복하게 빠져나오게 하는 유일한 길은 책임져야 할 잘못을 단박에 가차 없이 되돌림으로써 깔끔하게 정의를 실현하는 것뿐이라고 선언했다.

크리스티어른 폰 마이센 왕자는 "공의 생각은 어떠하오?"라는 군주의 물음에, 정중하게 대법관의 견해에 맞서서, 대법관의 사고방식은 지대한 존경심을 일으키는 것이 사실이나, 대법관은 콜하스가 제 권리를 되찾도록 도우려만 할 뿐, 그가 손해 배상이나 최소한 처벌을 요구하는 과정에서 비텐베르크와 라이프치히를 비롯한 지역 전체를 짓밟아 해를 끼쳤다는 사실을 외면한다고 말했다. 크리스티어른 왕자는 콜하스로 인해 심하게 교란된 국가 질서를 법학에서 끌어온 원칙을 통해 바로잡기는 어렵다고 여겼다. 그러므로 그는 회계담당관과 견해를 같이하여, 이런 경우에 적용되는 수단을 사용하자고, 즉 충분한 규모의 군대를 소집하여 뤼첸에 요새를 구축한 그 말 장수를 잡아들이거나 없애버리자고 제안했다.

회계담당관은 크리스티어른 왕자와 군주를 위해 벽에서 의자를 가져다가 정중하게 놓으면서, 크리스티어른 왕자처럼 올바르고 지혜로운 분과 그 자신이 이 까다로운 사태를 해결할 방안에 대해 의견이 같아서 기쁘다고 말했다. 왕자는 앉지 않고 의자를 손에 쥔 채로 회계담당관을 바라보면서, 그가 기뻐할 이유는 전혀 없다고, 왕자 자신이 제안한 방안에 동반되어야 할 필수 조치는 먼저 회계담당관에 대한 체포 명령을 내리고 군주의 이름을 남용한 죄로 재판에 회부하는 것이라고 단호하게 말했다.

악행들이 끝없이 이어지다보니 더는 공간이 없어 정의의 여신이 정한 한계 내에 머물 수 없게 되었고, 그래서 어쩔 수 없이 정의의 여신 앞에 장막을 쳐야 한다 하더라도, 그 연쇄를 유발한 최초의 악행만큼은 눈감아줄 수 없다는 것이 왕자의 입장이었다. 그 첫 번째 악행을 처벌한 뒤에야 비로소 국가는 다들 알다시피 지극히 정당한 이유로 목숨을 걸고 사람들이 쥐어준 칼을 휘두르며 소송을 하는 그 말 장수를 진압할 권한을 얻는다고 크리스티어른 왕자는 말했다.

이 말에 충격을 받은 쿤츠는 선제후를 바라보았고, 선제후는 얼굴을 온통 붉히면서 창가로 갔다. 양쪽 모두 당황하여 잠시 침묵이

이어진 후, 칼하임 백작이, 이런 식으로는 마녀의 손아귀와도 같은 현재의 곤경에서 벗어날 수 없다고 말했다. 이런 식이라면, 크리스티어른 왕자의 조카인 프리트리히 왕자를 재판에 회부하는 것도 똑같이 정당하다고, 왜냐하면 프리트리히도 콜하스에 맞선 그 기묘한 원정에서 총사령관의 지시를 이런저런 방식으로 어겼을 테니까, 현재의 곤경을 초래한 다양한 사람들을 지목하자면 프리트리히도 지목되어 군주로부터 문책을 당해야 한다는 것이었다.

선제후가 고민하는 표정으로 책상을 향해 움직이는 동안, 음료 담당관인 트롱카 가문의 힌츠가 입을 열었다. 여기에 모인 분들처럼 지혜로운 사람들이 어떤 결정을 내려야 할지 모른다는 것을 이해할 수 없다고 그는 말했다. 힌츠 자신이 아는 한, 그 말 장수는 단지 드레스덴까지의 안전 통행과 그의 고소에 대한 재심의를 조건으로 그와 함께 이 나라에 난입한 일당을 해산하겠다고 약속했다. 그런데 이 조건을 들어주는 것과 극악무도한 복수 행각을 벌인 그를 사면하는 것은 별개의 문제다. 그럼에도 루터 박사와 군주자문위원회는 서로 다른 두 가지 법률 개념을 혼동하는 듯하다고 힌츠는 지적했다. 이어서 그는 손가락을 코에 대고 이렇게 덧붙였다.

"드레스덴 법정에서 그 검은 말 사건에 대해 어떤 판결이 내려지든 간에, 콜하스를 살인방화와 약탈을 저지른 죄로 잡아넣는 데는 아무 지장이 없습니다. 이것은 여기 계신 정치인 두 분의 견해 각각이 지닌 장점을 겸비한, 현세와 후세에 박수를 받을 것이 분명한, 정치적으로 영리한 묘수입니다."

이 말을 들은 왕자와 대법관이 음료담당관 힌츠를 바라보기만 할 뿐 아무 대꾸가 없어 토론이 종결된 것처럼 보이자, 선제후는 제출된 다양한 의견들을 다음번 군주자문위원회 모임이 열릴 때까지 혼자서 숙고하겠다고 말했다. 콜하스를 상대로 전투를 벌일 준비는 이미 끝난 상태였지만, 왕자가 바라는 사전조치가 우정에 매우 민감한 선제후의 마음에서 전투를 감행할 욕구를 앗아간 듯했다. 적어도 선제후는 그 자신이 보기에 가장 합당한 의견을 제출한 대법관 브레데 백작을 그의 곁에 그대로 머물게 했다.

그리고 브레데 백작이 그에게 보여준 편지들에서 그 말 장수의 세력이 실제로 이미 400명 규모로 성장했으며, 회계담당관 쿤츠의 부적절한 행동들 때문에 전국에 원성이 자자함을 감안할 때, 머지않아 그 두 배나 세 배로 커질 수 있음이 드러나자, 선제후는 주저 없이 루터 박사의 조언을 받아들이기로 결심했다. 또한 그 결심에 걸맞게 브레데 백작에게 콜하스 사건의 처리에 관한 전권을 위임했다. 그리고 벌써 며칠 후에 공고문이 나붙었는데, 그 주요 내용은 다음과 같았다.

우리, 작센 선제후 등은, 마르틴 루터 박사가 우리에게 제출한 중재안을 특별히 관대하게 고려하여, 브란덴부르크 출신의 말 장수 미하엘 콜하스에게, 그가 이 공고문을 본 지 사흘 안에 무기를 내려놓는다는 조건 아래, 그의 소송에 대한 재조사를 위해, 드레스덴으로의 안전 통행을 허용한다. 만일 검은 말 사건에 관한 그의 고소가 드레스덴 법정에서 예상 외로 기각될 경우, 그는 스스로 정의를 실현하기 위해 벌인 자의적인 행위들에 대해서 조금도 에누리 없이 법적 처분을 받게 될 것이나, 반대의 경우에는 그가 작센에서 저지른 난폭행위들과 관련하여 그와 그의 일당 전체에게 관용과 완전한 사면이 베풀어질 것이다.

콜하스는 나라 안 도처에 나붙은 이 공고문 한 부를 루터 박사를 통해 입수하자마자, 그 내용에 붙어있는 이런저런 조건에 아랑곳없이, 그의 일당 전체를 선물과 감사의 말과 적절한 훈계를 건네며 해산했다. 그는 약탈한 돈과 무기와 물건 전부를 선제후의 소유물로 규정하여 뤼첸 법원에 보관시켰다. 그리고 혹시 가능하다면 자신의 농장을 되사겠다는 내용의 편지를 들려 발트만을 콜하젠브뤼크의 그 공무원에게 보내고, 그가 다시 곁에 두고 싶은 자식들을 데려오기 위해 슈테른발트를 슈베린으로 보낸 뒤에, 얼마 남지 않은 재산을 문서의 형태로 지니고 뤼첸 성을 떠나 아무도 모르게 드레스덴으로 갔다.

***

방금 날이 새어 도시 전체가 아직 잠들어 있을 때, 콜하스는 그 공무원의 곧은 성품 덕에 그의 소유로 남은 드레스덴 변두리 피르나 구역의 작은 집에 도착하여 문을 두드렸고, 그 집의 살림을 맡은 늙은 관리인 토마스가 놀라고 어리둥절하여 문을 열자 그에게 관청의 폰 마이센 왕자에게 가서 말 장수 콜하스가 왔다고 보고하라고 일렀다.

이 보고를 받자마자 콜하스에 대한 민심을 알아보는 것이 좋겠다고 판단하여 기사들과 하인들을 대동하고 나선 폰 마이센 왕자는 콜하스의 집으로 통하는 여러 길에 이미 헤아릴 수 없이 많은 군중이 모인 것을 보았다. 민중을 억압하는 자들을 불과 칼로 처단하는 죽음의 천사가 왔다는 소식에 도심과 교외를 막론하고 드레스덴 전체가 들끓었다. 콜하스가 머무는 집의 문은 호기심으로 달려드는 군중을 저지하기 위해 빗장을 질러 봉쇄해야 했고, 소년들은 집안에서 아침을 먹는 살인방화범을 친견하기 위해 창으로 기어올랐다.

왕자는 호위병이 길을 터준 덕에 집으로 진입하여 콜하스가 있는 방에 들어서자마자 반쯤 벗은 채로 식탁에 앉은 콜하스에게 "네가 말 장수 콜하스냐?"라고 물었다.

이에 콜하스는 그의 신원에 관한 문서들이 든 봉투를 허리띠 주머니에서 꺼내 공손하게 건네면서 "예!" 하고 대답하고, 자신은 함께 싸워온 일당을 해산한 후에 검은 말 사건과 관련해서 트롱카의 지주 벤첼을 법원에 고소하기 위해 군주의 안전 통행 허가에 따라 드레스덴에 왔다고 덧붙였다.

왕자는 콜하스를 위아래로 슬쩍 훑어보고 봉투 속의 문서들을 살펴본 다음, 거기에 있는 뤼첸 법원이 발행한 보관증, 즉 콜하스가 노획물을 선제후의 소유로 규정하여 맡겼다는 내용의 보관증에 대한 설명을 콜하스에게 요구하여 들었다. 이어서 콜하스의 자식들, 재산, 미래의 생활 계획 등에 관한 다양한 질문으로 콜하스의 됨됨이를 조사하고 전반적으로 걱정하지 않아도 될 성싶은 인물이라고 판단한 왕자는 문서들을 돌려주면서, 콜하스의 소송을 가로막는 장애물은 없다고, 지금 당장 대법관 브레데 백작에게 직접 가서 고소하기만 하면 된다고 말했다.

이와 동시에 왕자는 잠시 침묵한 뒤 창가로 가서 집 앞에 모인 군중을 휘둥그레진 눈으로 내려다보면서 "처음 며칠 동안은 경비병을 받아들여 네가 집에 머물 때뿐 아니라 외출할 때에도 너를 호위하게 해야 할 것이다."라고 말했다. 콜하스는 당황하여 시선을 내리깔고 침묵했다. "네가 어떤 선택을 하든……" 왕자가 다시 창가를 떠나며 말했다. "차후의 사태에 대해서는 너 자신이 책임을 져야한다!" 그러면서 그는 집을 떠날 요량으로 다시 문을 향해 몸을 돌렸다. 신중하게 숙고한 콜하스가 말했다. "지극히 자비로우신 왕자님! 왕자님의 뜻대로 하십시오! 제가 원하면 즉시 경비병을 철수시킨다는 약속을 하신다면, 저는 이 조치에 반대하지 않습니다." 왕자는 두말 하면 잔소리라고 대답했다. 이어서 왕자는 경비 임무를 맡기려고 데려온 용병 세 명에게, 그들이 남아서 경비할 사람은 자유인이며 그들은 그가 외출할 때 단지 그를 보호하기 위해 뒤를 따라야 한다고 일러준 다음, 말 장수에게 거만한 손짓으로 인사하고 떠났다.

***

정오 즈음에 콜하스는 용병 셋을 대동하고 대법관 브레데 백작에게 갔다. 셀 수 없이 많은 군중이 그의 뒤를 따랐으나, 그들은 경찰에게서 경고를 들었기 때문에 콜하스를 어떤 식으로도 해코지하지 않았다. 대법관은 접견실에서 콜하스를 따스하고 친절하게 맞이하여 두 시간 내내 그와 대화하면서 사건의 자초지종을 들은 후에 즉각적인 고소장 작성 및 제출을 위해 그를 법원에 고용된 유명 법률가에게 보냈다.

콜하스는 지체 없이 그 법률가의 집으로 가서, 지난번에 기각된 고소장에서와 마찬가지로, 벤첼 지주를 법에 따라 처벌할 것, 검은 말들을 원래 상태로 되돌려놓을 것, 콜하스 자신이 입은 피해를 보상하고 뮐베르크 근처에서 목숨을 잃은 하인 헤르제가 입은 피해를 그의 노모를 위해 보상할 것을 요구한 뒤, 여전히 호기심에 차서 그를 구경하는 군중을 이끌고, 꼭 필요할 때만 밖에 나서기로 단단히 결심하고서, 다시 집으로 돌아왔다.

***

그러는 사이에 벤첼 지주도 비텐베르크 감옥에서 나와 부상당한 발의 위험한 염증을 치료하고 나서, 말 장수 콜하스가 검은 말들이 불법적으로 여위고 몰골이 된 사건과 관련해서 그를 고소했으니 출두하여 책임을 다하라는 확정 명령을 드레스덴 법원으로부터 받았다.

벤첼과 사촌간이며 서로 형제간인 회계담당관과 음료담당관은 그들의 집에 들어선 벤첼을 극심한 증오와 경멸로 맞이했다. 그들은 그를 가문 전체에 치욕과 불명예를 가져오는 가련하고 비참한 놈이라 칭하면서, 그가 앞으로의 소송에서 틀림없이 질 것이라 단언하고, 검은 말들을 먹여 살찌우라는 판결을 받고 온 세상의 웃음거리가 될 테니 당장 그 말들을 데려올 채비나 하라고 재촉했다.

지주는 약하고 떨리는 목소리로 자신은 세상에서 가장 통탄할 만한 사람이라고 말했다. 그는 자신을 불행의 나락으로 떨어뜨리는 중인 그 저주스러운 거래 전체를 거의 몰랐다고, 자신은 눈곱만큼도 원하지 않았고 모르는 상태에서 성지기와 관리인이 그 말들을 추수 일에 부려먹고 그들 자신의 밭에서도 일을 시키는 등, 지나치게 혹사하여 몰골로 만들었으니, 모든 책임은 그들에게 있다고 맹세했다. 이 말을 하면서 그는 자리에 앉아, 자신은 지긋지긋한 곤경에서 방금 전에야 겨우 벗어났는데 악의적인 자극과 모욕으로 자신을 다시 그 곤경에 떨어뜨리지 말라고 간청했다.

잿더미가 된 트롱켄부르크 성 근처에 영지를 지닌 힌츠와 쿤츠는 이튿날 달리 도리가 없으므로 사촌인 벤첼의 요청에 응하여, 그 불행한 날에 실종된 이후 완전히 잊혀진 그 검은 말들에 관한 소식을 수집하기 위해 자기네 영지의 관리인들과 소작인들에게 편지를 썼다.

그러나 그 일대가 완전히 폐허가 되고 거의 모든 주민이 학살된 상황에서 그들이 알아낼 수 있는 것은, 어느 하인이 그 살인방화범에게 칼등으로 맞으며 억지로 떠밀려 불타는 헛간에서 그 검은 말들을 구하고는 이제 그 녀석들을 어디로 데려가서 어떻게 해야 하느냐고 물었는데, 그 포악하고 잔인한 살인방화범 놈이 대답 대신에 발길질을 했다는 것이 전부였다.

벤첼 지주 밑에 있다가 마이센으로 달아났던, 통풍에 시달리는 늙은 가정부는 서면 질의를 받고 지주에게 단언하기를, 그 참혹한 밤이 지난 아침에 그 하인이 그 말들을 데리고 브란덴부르크 국경으로 향했다고 했다.

그러나 사람들이 정작 그곳으로 가서 행한 탐문은 헛수고였다. 늙은 가정부의 보고는 오류에 기반을 둔 듯했다. 왜냐하면 벤첼 지주에게는 브란덴부르크 출신이거나 심지어 브란덴부르크로 이어진 길가 출신인 하인이 한 명도 없었기 때문이다.

트롱켄부르크 성이 불탄 지 며칠 뒤에 빌스드루프에 있었던 드레스덴 출신의 남자들은, 그때에 한 하인이 고삐에 매인 말 두 마리를 데리고 그곳에 도착했는데, 그 말들은 정말 처참하고 더는 움직일 수 없는 상태여서 녀석들을 다시 살찌우겠다고 나선 어느 양치기의 외양간에 머물게 되었다고 증언했다.

여러 이유로 볼 때 그 말들은 벤첼 측이 수소문하는 그 검은 말들일 가능성이 매우 높아 보였다. 그러나 빌스드루프에서 온 사람들은 그곳의 그 양치기가 녀석들을 누구인지 모르는 사람에게 벌써 팔았다고 확언했다. 심지어 그 말들이 이미 죽어서 빌스드루프 뼈 무덤에 묻혔다는, 출처가 확인되지 않은 제삼의 소문도 있었다. 쉽게 짐작할 수 있듯이, 힌츠와 쿤츠 나리에게는 이 소문이 전하는 바가 가장 바람직했다. 왜냐하면 그 소문이 맞으면, 그들은 이제 자기 마구간이 없는 사촌 벤첼을 대신해서 그 검은 말들을 자기네 마구간에서 먹여 살찌울 의무에서 벗어나기 때문이다.

그럼에도 그들은 완벽한 확신에 도달하기 위해 그 소문의 진위를 파악하고 싶었다. 그리하여 트롱카의 세습영주이자 봉건영주이자 법적 영주인 벤첼이 빌스드루프 법원에 공문을 보내, 그의 표현에 따르면, 그에게 맡겨졌으나 사고가 나는 바람에 실종된 그 검은 말들의 모습을 장황하게 묘사한 다음, 현재 그 녀석들이 있는 곳을 파악해줄 것과 녀석들을 소유한 자가 누구이든 그에게 모든 비용을 충분하게 보상하면서 요청하고 설득하여 녀석들을 드레스덴의 회계담당관 쿤츠 나리의 마구간으로 데려오도록 해줄 것을 최고의 예를 갖추어 요청했다.

그러자 정말로 며칠 후에 빌스드루프의 양치기와 거래했던 사내가 깡마르고 비실거리는 검은 말들을 마차 기둥에 매어 끌면서 드레스덴 시장에 나타났다. 그런데 벤첼 지주에게 불운하게도, 또한 올곧은 콜하스에게는 더욱더 불운하게도, 그 사내는 되벨른에 사는 가죽장이였다.

***

벤첼 지주와 그의 사촌인 회계담당관은 한 사내가 트롱켄부르크 성의 화재에서 살아남은 검은 말 두 마리를 데리고 드레스덴에 도착했다는 불분명한 소문을 함께 있던 자리에서 듣자마자 집 안에 있던 하인 몇 명을 대동하고 그 사내가 있는 궁 앞 광장으로 갔다. 그 말들이 콜하스의 것이 맞을 경우, 그 사내에게 비용을 지불하고 말들을 넘겨받아 집으로 데려오기 위해서였다.

그러나 두 기사는 그 말들이 매인 이륜마차를 둘러싸고 매순간 불어나는 구경꾼들을 보았을 때 이미 형언할 수 없을 만큼 경악했다. 구경꾼들은 끊임없이 폭소하면서, 나라를 휘청거리게 만드는 말들이 벌써 가죽장이의 손에 넘어갔다고 외쳤다. 언제라도 죽어버릴 듯한 그 비참한 동물들을 마차 주위를 돌며 관찰한 벤첼 지주는 당황하여, 이놈들은 그가 콜하스에게서 넘겨받은 그 말들이 아니라고 말했다.

그러나 회계담당관 쿤츠 나리는 말없는 분노로 가득 찬 눈빛을, 만약 쇠로 된 물체였다면 벤첼을 박살냈을 법한 눈빛을 벤첼에게 쏘면서, 외투 자락을 열어젖혀 훈장과 목걸이를 드러내고 가죽장이에게 다가가, 이 검은 말들이 빌스드루프의 양치기가 소유했었고 원래 소유자인 트롱카의 지주 벤첼이 그곳 법원에 요청한 그 말들이냐고 물었다.

가죽장이는 마차를 끄는 살찌고 늠름한 말에게 물동이를 손에 들고 물을 주다가 "검은 말들이요?" 하고 되물었다. 그는 물동이를 내려놓고 그 말의 주둥이에서 재갈을 벗기면서 뒷말을 잇기를, 기둥에 매인 검은 말들은 하이니헨의 돼지치기가 그에게 판 놈들인데, 그 돼지치기가 그놈들을 어디에서 샀는지, 원래 빌스드루프의 양치기가 소유했던 놈들인지는 모른다고 했다. 가죽장이는 다시 물동이를 들어 올려 그의 허벅지와 마차의 채 사이에 끼워 고정하면서, 빌스드루프 법원에서 나온 사람이 자신에게 그 놈들을 드레스덴에 있는 당신네 트롱카 가문의 집으로 데려가라 했다고, 하지만 꼭 쿤츠 나리께 데려가라 했다고 말했다. 그러면서 그는 몸을 돌려 말이 마시고 남은 물을 도로의 포석 위에 쏟았다.

비웃음을 흘리는 군중의 시선에 둘러싸인 회계담당관은 감정 없는 물동이를 들고 제 할 일을 하는 그 무식한 놈을 움직일 수 없었다. 그리하여 그는 가죽장이를 정면으로 바라보면서, 자신이 회계담당관 쿤츠 폰 트롱카라고 선언하고는, 하지만 가죽장이가 자신에게 데려와야 할 말들은 반드시 자신의 사촌인 벤첼 지주의 것이어야 한다고, 화재가 났을 때 트롱켄부르크 성을 빠져나간 하인이 빌스드루프의 양치기에게 넘겼던 말들, 원래 말 장수 콜하스의 것이었던 말들이이어야 한다고 덧붙였다.

쿤츠는 다리를 떡 벌리고 서서 바지를 끌어올리는 가죽장이에게 이런 이야기를 못 들었느냐고 물었다. 또 모든 것이 여기에 달려 있다면서, 혹시 하이니헨의 돼지치기가 그 검은 말들을 빌스드루프의 양치기에게서 사거나 혹은 그 양치기에게서 그놈들을 산 또 다른 자에게서 사지 않았느냐고 덧붙여 물었다.

마차 곁에 서서 물을 쏟아버린 가죽장이는, 자신은 지시에 따라 당신네 트롱카 가문의 집에서 돈을 받기 위해 드레스덴에 왔다고 말했다. 쿤츠가 한 말은 이해하지 못한다고, 그 말들을 하이니헨의 돼지치기보다 먼저 페터가 소유했었는지, 파울이 소유했었는지, 혹은 빌스드루프의 양치기가 소유했었는지는, 그 말들을 훔친 적이 없는 그 자신과는 상관이 없다고 했다. 이어서 그는 배가 고팠으므로 아침을 먹을 요량으로, 채찍을 넓은 등짝에 대각선으로 둘러메고, 광장에 있는 식당으로 향했다.

하이니헨의 돼지치기가 되벨른의 가죽장이에게 판 이 말들, 악마로 하여금 작센을 짓밟게 만든 그 말들이 아닐 수도 있는 이 말들을 어찌해야 할지 도저히 판단이 서지 않는 회계담당관은 벤첼 지주에게 말 좀 해보라고 재촉했다. 그러나 벤첼이 핏기 없는 입술을 떨며 대꾸하기를, 가장 이로운 방안은 이 검은 말들이 콜하스의 것인지 여부와 상관없이 그놈들을 사는 것일 성싶다고 하자, 회계담당관은 무엇을 해야 하고 무엇을 하지 말아야 하는지 전혀 모르는 채로, 자신을 낳은 아버지와 어머니를 저주하면서, 외투 자락을 열어젖히고 군중 속에서 빠져나왔다.

군중이 그를 조롱의 눈초리로 바라보았기 때문에, 또 터지려는 웃음을 참기 위해 손수건으로 입을 막고 그가 떠나기만을 기다리는 듯했기 때문에, 쿤츠는 자리를 뜨지 않고 버티면서 마침 말을 타고 그곳을 지나던 지인 벵크 남작을 가까이 불러서, 이 검은 말들을 콜하스에게 보여줘야겠으니 곧장 대법관 브레데 백작에게 가서 중재를 요청하고 그의 중재를 통해 콜하스를 설득하여 여기로 데려오라고 부탁했다.

벵크 남작은 마침 콜하스가 법원 심부름꾼을 통해 불려 와서 대법관의 방에 있을 때, 더 정확히 말해서 그 자신이 뤼첸에 남겨둔 노획물에 대해 설명하라는 요구에 응하고 있을 때, 콜하스가 있는 방에 들어섰다. 대법관은 언짢은 표정으로 안락의자에서 일어나 손에 서류들을 든 말 장수를 옆으로 비켜나게 했고, 초면이라 말 장수를 알아보지 못한 남작은 대법관에게 트롱카 가문의 나리들이 처한 곤경을 설명했다.

빌스드루프 법원의 불완전한 요청에 응하여 되벨른의 가죽장이가 말들을 데리고 나타났는데, 말들의 상태가 너무나 절망적이어서 벤첼 지주는 그놈들을 콜하스의 말들로 인정하기를 주저할 수밖에 없었다. 하여 그럼에도 그놈들을 가죽장이에게서 사들여 트롱카 가문의 마구간에서 먹여 원래 상태를 회복시키는 시도를 해야 한다면, 그전에 먼저 방금 말씀드린 불확실성을 해소하기 위해 콜하스가 그놈들을 직접 살펴보며 검사할 필요가 있다는 설명이었다.

"그러니 부디 호의를 베푸시어……" 남작이 발언을 마무리했다.

"…… 그 말 장수의 집으로 경비병을 보내 그를 소환하시고 그 말들이 있는 시장으로 보내주십시오." 대법관은 코에 걸쳤던 안경을 벗으면서, 남작이 두 가지 오류를 범했다고 말했다. 첫째, 그 불확실성을 해소할 방법은 오로지 콜하스의 육안 검사뿐이라는 믿음, 둘째, 대법관이 경비병을 통해 콜하스를 벤첼 지주가 원하는 곳으로 보낼 권한을 지녔다는 생각이 남작의 오류라는 것이었다. 이렇게 말하면서 대법관은 남작의 뒤에 서 있던 말 장수를 남작에게 소개하고, 안락의자에 앉아 다시 안경을 쓰면서 남작에게 청하기를, 콜하스에게 직접 말해보라고 했다.

콜하스는 어떤 표정으로도 속내를 드러내지 않으면서, 남작을 따라 시장으로 가서 가죽장이가 드레스덴으로 데려온 검은 말들을 볼 용의가 있다고 말했다. 충격을 받은 남작이 콜하스를 향해 몸을 돌리는 동안, 콜하스는 다시 대법관의 책상으로 다가가 뤼첸에 맡겨둔 노획물에 관한 여러 사항을 봉투에 든 서류들에 의거하여 보고한 뒤에 대법관에게 하직인사를 했다. 얼굴 전체를 붉힌 채 창가로 갔던 남작도 하직을 고했다. 곧이어 두 사람은 폰 마이센 왕자가 배치한 용병 세 명의 호위를 받으면서, 수많은 사람들이 뒤쫓는 가운데, 궁 앞 광장으로 향했다.

그러는 사이에 회계담당관 쿤츠 나리는, 주위에 있던 여러 친구들의 예상과 달리, 군중에 둘러싸이고 되벨른의 가죽장이에 맞선 채로 자기 자리를 굳세게 지켰다. 그는 남작이 말 장수와 함께 나타나자 곧바로 말 장수에게 다가가 자긍심과 명예심으로 칼을 겨드랑이에 낀 자세로, 마차 너머에 있는 말들이 말 장수의 것이냐고 물었다. 말 장수는 자신에게 질문하는 나리가 누구인지 몰랐지만, 그를 향해 겸허하게 몸을 돌려 모자를 살짝 건드린 다음, 대답 없이, 모든 기사들이 뒤쫓는 가운데, 가죽장이의 마차로 다가갔다.

그리고 대가리를 바닥으로 늘어뜨린 채 휘청거리는 다리로 서서 가죽장이가 준 건초를 먹지 않는 말들을 열두 걸음 떨어진 곳에 멈춰 서서 잠깐 바라보았다. "지극히 자비로우신 나리!" 콜하스가 다시 회계담당관을 향해 몸을 돌렸다. "가죽장이가 전적으로 옳습니다. 저 마차에 매여 있는 말들은 제 것입니다." 이렇게 말한 콜하스는 주위의 귀족들 전체를 둘러보며 다시 한 번 모자를 살짝 건드리고는 경비병들을 대동하고 다시 광장을 떠났다.

콜하스의 말을 들은 회계담당관은 투구의 깃털 장식이 흔들릴 정도로 신속한 걸음으로 가죽장이에게 다가가 돈주머니를 던져주었다. 그리고 돈주머니를 손에 쥔 가죽장이가 이마로 흘러내린 머리카락을 납으로 된 빗으로 빗어 넘기며 돈을 살펴보는 동안, 회계담당관은 한 하인에게 검은 말들을 풀어서 집으로 데려가라고 명령했다.

군중 속의 친구들과 친척들 곁에 있다가 주인의 부름을 받고 나온 하인은 얼굴을 약간 붉히면서 말들의 발굽 근처에 생겨난 커다란 똥 웅덩이를 넘어 녀석들에게 접근했다. 그러나 그가 고삐를 풀려고 손을 대기도 전에, 그의 사촌인 마이스터 힘볼트가 그의 팔을 붙들고 "너는 이 늙어빠진 말들에 손대지 마라!"는 말과 함께 그를 마차에서 멀찌감치 떼어놓았다.

하인이 머뭇거리는 발걸음으로 다시 똥 웅덩이를 넘어, 이 돌발 사건 앞에 침묵하며 서 있을 뿐인 회계담당관에게 다가가는 동안, 마이스터는, 회계담당관이 이런 일을 시키려면 가죽장이를 하인으로 고용해서 시켜야 한다고 덧붙였다. 끓어오르는 분노로 한순간 마이스터를 뚫어지게 바라본 회계담당관은 몸을 돌려서 그를 둘러싼 기사들의 머리 너머 경비병들을 불렀다. 또한 벤크 남작의 요청으로 궁에서 나온 장교가 선제후 경호원 몇 명과 함께 나타나자마자, 그 장교에게 시민들이 저지른 천박한 난동을 간단하게 설명하면서 주모자인 마이스터 힘볼트를 체포하라고 재촉했다.

회계담당관은 마이스터의 멱살을 움켜쥐고서, 자신의 명령을 받들어 고삐를 푸는 하인을 이놈이 내던지고 폭행했다고 고해바쳤다. 마이스터는 능숙한 몸놀림으로 멱살을 풀고 회계담당관을 밀쳐내면서 말했다.

"지극히 자비로우신 나리! 스무 살 청년에게 무슨 일을 해야 할지 알려주는 것은 그를 나쁜 길로 이끄는 짓일 리 없습니다. 그에게 관습과 예법을 거스르면서까지 저 마차에 매인 말들을 다루겠느냐고 물어보십시오. 그가 하겠다면, 제가 이미 말했듯이, 하면 그만입니다. 상관없어요! 그가 지금 비천하게 말가죽을 벗기든 말든, 저는 상관없습니다!"

이 말을 들은 회계담당관이 몸을 돌려 하인을 바라보며, 자신의 명령을 받들어 콜하스의 말들을 풀어서 집으로 데려가기가 어쩐지 꺼려지느냐고 물었다. 이에 하인이 시민들 사이로 숨어들면서 소심한 어투로, 자신에게 그런 일을 시키려면 먼저 그 말들을 말답게 만들어놓아야 한다고 대꾸하자, 회계담당관은 하인의 뒤를 쫓아가서 자기 가문의 문장이 장식된 하인의 모자를 잡아채 짓밟은 다음, 가죽칼집에서 분노의 칼을 뽑아 휘둘러 순식간에 하인을 그 자리에서 또한 그의 직무에서 추방했다.

마이스터 힘볼트가 외쳤다. "저 살인광을 당장 뭉개버려라!" 곧이어 눈앞의 참상에 분개한 시민들이 모여들어 경비병들을 밀어붙이는 동안, 마이스터는 달아나는 회계담당관을 뒤쫓아 쓰러뜨리고, 외투와 투구를 벗기고 옷깃을 뜯어내고, 손에서 칼을 빼앗아 분노의 팔 동작으로 광장 너머 멀리 내던졌다.

걷잡을 수 없는 혼란에서 용케 빠져나온 벤첼 지주는 기사들을 향해 자신의 사촌을 도와달라고 외쳤지만, 부질없는 짓이었다. 기사들이 쿤츠를 향해 한 걸음 내딛기도 전에, 민중이 몰려들어 기사들을 산산이 흩어놓았고, 넘어지면서 머리를 다친 회계담당관은 분노에 휩싸인 군중의 먹잇감으로 방치되었다.

우연히 그 광장을 지나던 용병 기마대가 선제후 경호대의 장교로부터 지원 요청을 받고 개입할 때까지 어떤 방법으로도 회계담당관을 구해낼 수 없었다. 장교는 군중을 몰아낸 뒤, 분노로 날뛰는 마이스터를 붙잡았고, 기마병 몇 명이 마이스터를 감옥으로 호송하는 동안, 재수 없이 피투성이가 된 회계감당관을 친구 두 명이 일으켜 집으로 데려갔다. 말 장수가 부당하게 입은 피해를 보상해주려는, 순수한 선의에서 우러난 노력의 결말은 이처럼 끔찍했다.

되벨린의 가죽장이는 용무가 끝났고 더는 머물고 싶지 않았으므로, 군중이 흩어지기 시작할 때, 검은 말들을 가로등 기둥에 묶어놓고 떠났고, 녀석들은 하루 종일 아무도 돌보지 않은 채로 부랑아와 게으름뱅이가 들끓는 그곳에 방치되었다. 그리하여 어쩔 수 없이 경찰이 녀석들을 거두고 밤이 올 무렵에 드레스덴의 가죽장이를 불러 다음 지시가 있을 때까지 교외의 가죽장이 작업장에서 돌보게 했다.

***

이 사건은 사실 말 장수의 탓이 전혀 아니었음에도 그가 벌이는 소송의 결과에 심각한 악영향을 끼칠 만한 분위기가 작센의 비교적 온건하고 선한 사람들 사이에서도 형성되게 만들었다. 사람들은 말 장수가 국가와 맺은 관계를 결코 용납할 수 없다고 느꼈고, 개인의 주택과 공공의 광장을 가릴 것 없이 도처에서, 차라리 말 장수를 명백히 부당하게 대우하는 것을 무릅쓰고 모든 법적 절차를 다시금 중단하는 편이, 말 장수가 이토록 하찮은 문제를 놓고 단지 광기에 가까운 고집을 관철하기 위해 폭력으로 정의를 쟁취하는 것을 용인

하는 편보다 더 낫다는 의견이 제기되었다.

게다가 가련한 콜하스에게는 지극히 불행하게도, 대법관조차도, 합법성을 지나치게 중시하는 태도와 거기에서 우러난 트롱카 가문에 대한 증오로 인해, 이 분위기가 강화되고 확산되는 것에 본의 아니게 기여했다.

지금 드레스덴의 가죽장이가 돌보는 말들이 콜하젠브뤼크의 마구간을 나설 당시의 상태를 언젠가 회복할 가능성은 극히 낮았다. 게다가 대단한 솜씨와 지속적인 노력으로 그 가능성이 실현된다 하더라도 그 결과로 벤첼 지주의 가문이 당할 굴욕이 여러 모로 워낙 커서, 작센에서 가장 유서 깊고 고귀한 축에 드는 그 가문의 국민적인 중요성을 감안할 때, 가장 적절하고 합리적인 방안은 그 말들을 돈으로 보상하는 것인 듯했다.

그럼에도 며칠 후, 몸져누운 회계담당관을 대신해서 총리실장 칼하임 백작이 대법관에게 편지를 써서 그런 금전적 보상을 제안하자, 대법관은 한편으로 콜하스에게 편지를 보내, 금전적으로 보상하겠다는 제안이 오거든 거절하지 말라고 권고하면서도, 다른 한편으로 총리실장에게 짧고 대체로 불친절한 답장을 통해, 이 사안과 관련해서 사적인 부탁으로 자신을 귀찮게 하지 말라고 요청하고, 말 장수를 매우 합리적이고 겸허한 사람으로 묘사하면서, 회계담당관이 말 장수와 직접 대화할 것을 촉구했다.

시장에서 돌발한 사건으로 인해 사실상 복수의 의지를 꺾은 말 장수는 지주 측에서 속마음을 털어놓으면 대법관이 조언한 대로 전폭적으로 호응하여 모든 일을 용서할 생각으로 그들의 제안이 오기만을 기다렸다. 그러나 속마음을 털어놓는 것은 콧대 높은 트롱카 가문의 기사들에게 민감한 문제였다. 그들은 대법관의 답장을 받고 격노하여, 이튿날 아침에 부상으로 몸져누운 회계담당관의 방을 찾은 선제후에게 그 답장을 보여주었다.

회계담당관은 환자의 가녀리고 애처로운 목소리로 선제후에게, 자신이 이 소송을 중재해보겠다고 목숨까지 걸고 난 마당에, 이제 또 다시 자신의 명예를 세상의 손가락질에 내맡기고, 자신과 자신의 가문에 상상 가능한 모든 치욕과 불명예를 안겨준 자 앞에 나아가 화해와 양보를 빌어야 하겠느냐고 물었다.

선제후는 대법관의 편지를 읽고 나서 의아하다는 듯이 칼하임 백작에게 묻기를, 법원이 콜하스와 더 협의할 것 없이, 그 말들을 회복시킬 수 없다는 사정에 입각하여, 녀석들이 이미 죽었다고 치고 돈으로 배상하라는 판결을 내릴 권한은 없느냐고 했다. 백작이 대답했다.

"지극히 자비로우신 전하, 그 말들은 죽었습니다. 녀석들은 가치가 없으므로 국법으로 판단하면 이미 죽었으며, 사람들이 녀석들을 가죽장이의 작업장에서 기사들의 마구간으로 데려오기 전에 물리적으로 죽을 것입니다."

이에 선제후는 편지를 챙기면서, 자신이 직접 대법관과 이 문제를 논의하겠다고 말하고, 고마운 마음에 상체를 일으켜 군주의 손을 잡은 회계담당관을 안심시키고 건강을 잘 챙기라고 조언한 다음, 거듭 호의를 표하며 안락의자에서 일어나 방을 떠났다.

***

드레스덴에서 이런 일들이 벌어지고 있을 때, 더 중요한 또 하나의 폭풍우가 뤼첸에서 발원하여 가련한 콜하스를 향해 다가왔고, 충분히 교활한 트롱카 가문의 기사들은 그 폭풍 속의 벼락을 불운한 콜하스의 머리로 유도했다.

문제를 일으킨 장본인은 말 장수 일당에 가담했다가 선제후의 사면령이 내려진 후에 탈퇴한 하인들 중 하나인 요한 나겔슈미트였다. 그는 탈퇴한 지 몇 주 만에 보헤미아 국경에서, 어떤 악행이라도 기꺼이 저지를 천민들로 이뤄졌던 과거 일당의 일부를 새롭게 규합하여 콜하스가 맛보여준 활동을 독자적으로 이어나가기로 마음먹었다.

이 아무짝에도 쓸모없는 놈은, 한편으로 자신을 좇는 추적자들에게 겁을 주고 또 한편으로 사람들을 자신의 못된 짓거리에 가담하도록 꼬드기기 위해, 스스로를 콜하스의 대리인으로 칭했고, 자신의 주인에게서 배운 꾀를 발휘하여, 조용히 각자의 고향으로 돌아간 여러 하인들이 사면을 받지 못했으며 콜하스 자신도 뻔뻔스러운 말 바꾸기의 제물이 되어 드레스덴에 도착하자마자 체포되어 경비병들에게 넘겨졌다는 소문을 퍼뜨렸다.

그리하여 콜하스가 내붙였던 것들과 매우 흡사한 나겔슈미트 일당의 게시문들을 보면, 그 살인방화범 일당은 단지 신의 영광을 위해 봉기한 전사들의 집단, 선제후가 그들에게 약속한 사면의 실행 여부를 감시하기 위한 집단인 것처럼 보였다. 그러나 이미 말했듯이, 이 모든 것은 신의 영광을 위한 것이거나 콜하스에 대한 추종에서 우러난 것이 전혀 아니었다. 그들은 콜하스의 운명에 전적으로 무관심했다. 이 모든 것은 처벌받을 위험을 낮추고 더 편안하게 방화와 약탈을 저지르기 위한 허울이었다.

나겔슈미트 일당의 소식이 드레스덴에 처음 전해진 순간, 트롱카 가문의 기사들은 상황 전체를 새롭게 바꿔놓는 이 돌발 사건이 안겨준 기쁨을 억누를 수 없었다. 그들은 자신들이 거듭 간절하게 경고했음에도 사람들이, 마치 온갖 악당에게 콜하스의 뒤를 따르라는 신호를 주기로 작정하기라도 한 것처럼, 콜하스를 사면함으로써 저지른 실책을 회고하면서 넌지시 자신들의 지혜를 뽐내고 불만을 토로했다. 또한 탄압당한 주인의 생존과 안전을 위해 무기를 잡았다는 나겔슈미트의 허울뿐인 주장을 단지 믿어주는 것으로 만족하지 않고, 그의 등상 자체가 콜하스가 획책한 작전, 정부를 공포에 빠뜨리고 콜하스 자신의 광기어린 고집에 조목조목 맞는 판결을 실현하고 재촉하기 위해 꾸민 작전일 따름이라는 단호한 입장을 표명했다.

심지어 음료담당관 힌츠 나리는, 연회를 마치고 선제후의 접견실에 모인 몇몇 사냥터 지주*와 농장주 앞에서, 콜하스가 뤼첸에서 도적 떼를 해산한 것을 괘씸한 사기극으로 규정하기까지 했다. 또한 대법관의 정의에 대한 사랑을 몹시 비웃으면서, 여러 정황을 재치 있게 짜 맞추어, 콜하스의 일당이 전과 다름없이 지금도 불과 칼을 들고 뛰쳐나올 준비를 갖추고 작센의 숲 속에 웅크린 채로 말 장수의 신호가 떨어지기만을 기다리고 있다고 논증했다.

크리스티어른 폰 마이센 왕자는 자신이 모시는 군주의 명예를 극심하게 손상시킬 위험이 있는 이 같은 사태 전환에 큰 불만을 품고 곧바로 군주의 궁으로 향했다. 그는 트롱카 가문의 기사들이 새로운 범법행위들을 근거로 삼아 콜하스를 고꾸라뜨리려고 벼르는 것을 잘 꿰뚫어보고 군주에게 간청하여 말 장수 콜하스에 대한 심문을 즉시 실행해도 좋다는 허락을 받아냈다.

의아하고 불쾌한 기분도 없지 않은 심정으로, 법원 관리에게 이끌려 관청에 온 말 장수는 어린 두 아들 하인리히와 레오폴트를 안고 나타났다. 며칠 전에 하인 슈테른발트가 메클렌부르크에서 콜하스의 자식 다섯 명을 데리고 돌아왔는데, 콜하스가 심문을 받기 위해 관청으로 떠날 때 두 아들이 아이 특유의 눈물을 쏟으며 함께 가겠다고 애원했고, 콜하스는 일일이 늘어놓기에는 너무 장황한 여러 생각을 한 끝에 그들을 데려가기로 결정했던 것이다.

---

* Jagdjunker

왕자는 콜하스가 자기 옆에 내려놓은 아이들을 기분 좋게 바라보며 상냥한 어투로 그들의 나이와 이름을 묻고 나서, 콜하스에게 과거 그의 하인이었던 나겔슈미트라는 자가 에르츠게비르게 지역**의 계곡들에서 무슨 짓을 하고 있는지 털어놓고, 이른바 나겔슈미트의 명령문들을 건네주면서, 콜하스 자신은 이 사태와 무관하고 결백함을 입증하는 변론을 내놓을 것을 촉구했다.

말 장수는 파렴치하고 기만적인 그 문서들에 몹시 경악했지만 그럼에도 정의로운 사람인 폰 마이센 왕자 앞에서는 자신을 향한 비난이 근거 없음을 만족스럽게 해명하는 데 별 어려움을 겪지 않았다.

콜하스의 소견에 따르면, 현재 상황에서 그 자신은 더할 나위 없이 잘 진행되는 소송의 최종 판결을 위해 제삼자의 도움 따위를 전혀 필요로 하지 않으며, 그가 가지고 있으며 또한 왕자에게 보여준 편지 몇 통에서 알 수 있듯이, 나겔슈미트는 그에게 그런 도움을 제공할 리가 없다. 왜냐하면 콜하스는 나겔슈미트가 일찍이 평야에서 저지른 강간과 여타 악행들 때문에 뤼첸에서 일당을 해산하기 직전에 그를 교수형에 처하려고 했는데, 선제후의 사면령이 내려져 모든 일을 없던 것으로 되돌리는 바람에 그가 교수형을 면했고, 그로부터 이틀 후에 두 사람은 철천지원수가 되어 헤어졌기 때문이다.

** 독일과 체코 사이의 산악지역

콜하스는 나겔슈미트에게 편지를 쓰겠다고 제안하고 왕자가 제안을 수락하자 자리에 앉아 편지를 썼다. 그 편지에서 그는, 콜하스 자신과 그의 일당에게 약속되었으나 실행되지 않은 사면을 쟁취하기 위해 봉기했다는 나겔슈미트의 주장은 파렴치하고 극악무도한 거짓말이라고 선언했고, 콜하스 자신은 드레스덴에 도착하여 체포되거나 경비병에게 인도되지 않았으며 그의 소송도 정확히 그가 바라는 대로 진행되는 중이라고 나겔슈미트에게 말했으며, 나겔슈미트가 사면령이 내려진 후에 에르츠게비르게 지역에서 살인방화 행각을 벌인 것과 관련해서 그를 온전히 법의 심판에 내맡긴다고 밝힘으로써 나겔슈미트 주위에 모인 천민들에게 경고의 메시지를 보냈다.

또한 콜하스는 나겔슈미트의 과거 악행들과 관련해서 자신의 지시로 뤼첸 성에서 작성된 나겔슈미트에 대한 형사재판 기록의 일부를, 당시에 이미 사형 판결을 받았으나 방금 말했듯이 오로지 선제후의 사면령 덕분에 목숨을 건진 그 무가치한 놈의 정체를 민중에게 알릴 목적으로, 편지에 덧붙였다.

이에 호응하여 왕자는 이 심문에서 불가피하게 혐의자로 취급될 수밖에 없었던 콜하스를 안심시키고, 콜하스가 드레스덴에 머무는 한, 그에게 내려진 사면은 절대로 취소되지 않을 것이라고 약속했다. 이어서 왕자는 탁자 위의 과일을 콜하스의 아들들에게 선물하면서 그들에게 다시 한 번 손을 내밀고 콜하스에게 인사하고 그를 떠나보냈다.

대법관은 그럼에도 여전히 말 장수의 처지가 위태로움을 알아채고, 새로운 사건들이 터져서 상황이 꼬이고 얽히기 전에 그의 소송을 마무리하기 위해 최선을 다했다. 그러나 정치적으로 영리한 트롱카 가문의 기사들이 바라고 추구하는바 역시 소송을 신속하게 마무리 짓는 것이었다. 그들은 예전처럼 암묵적으로 잘못을 인정하면서 단지 가벼운 처벌을 받기 위해 저항하는 대신에 이제 교활하고 억지스럽게 잘못을 전면 부인하기 시작했다.

그들은 콜하스의 검은 말들이 지주가 전혀 모르거나 불완전하게만 아는 사이에 성지기와 관리인의 독자적인 처분에 따라 트롱켄부르크 성에 남겨졌다고 주장하기도 하고, 그 녀석들이 트롱켄부르크 성에 도착할 당시에 이미 병들어 위험할 정도로 심하게 기침을 하는 상태였다고 우기기도 하면서, 자청해서 증인들을 데려다가 내세웠다. 이어서 광범위한 조사와 논쟁 끝에 증인들의 주장이 논박되자, 무려 12년 전에 가축 전염병 때문에 선제후가 내렸던, 브란덴부르크에서 작센으로 말을 들여오는 것을 금한다는 칙령까지 들이대면서, 콜하스에게 이끌려 국경을 넘어온 말들을 드롱카의 지주가 저지할 권한 정도가 아니라 의무가 있었음을 그 칙령이 명백하게 입증한다고 주장했다.

이 모든 일의 와중에 일찌감치 콜하젠브뤼크의 정직한 공무원에게 약간의 손해 배상만 하고 자신의 농장을 되사놓은 콜하스는,

표면적으로는 이 매매를 법적으로 마무리 짓기 위해, 며칠 동안 드레스덴을 떠나 그의 고향에 다녀오기를 원했다. 그러나 가을 파종 때문에 그 매매를 서둘러 완결할 필요가 있었던 것은 사실이지만, 그의 고향 방문 결심은 그 필요에서 비롯되었다기보다 이토록 기이하고 미심쩍은 상황에서 자신의 처지를 시험해보려는 의도에서 비롯되었다고 우리는 믿어 의심치 않는다. 게다가 어쩌면 다른 이유들도 있었을 텐데, 우리는 그것들을 알아내는 일을 가슴으로 콜하스를 이해하는 모든 각자에게 맡기겠다.

그리하여 콜하스는 그에게 배정된 경비병들을 떼어놓고 그 공무원의 편지들을 손에 들고 대법관에게 가서 털어놓기를, 재판에서 자신이 반드시 필요하지는 않은 듯한데, 만일 그렇다면, 자신은 드레스덴을 떠나 8일에서 12일 동안 브란덴부르크에 다녀오고 싶다고 하면서 그 기간 내에 꼭 돌아오겠다고 약속했다.

대법관은 언짢고 미심쩍은 표정으로 시선을 바닥으로 떨어뜨리고, 솔직히 고백하는데 콜하스의 존재는 다른 어느 때보다도 바로 지금 절실하게 필요하다고 대꾸했다. 재판에서 상대진영의 교활하고 간사한 반론 때문에, 예측할 수 없는 수많은 사안들에 대한 콜하스의 발언과 해명이 필요하다는 것이었다. 그러나 콜하스가 이 사건에 대해 잘 아는 자신의 변호사를 추천하고, 8일 내에 돌아오겠다고 약속하면서, 절제된 집요함으로 부탁하고 또 부탁하자, 대법관은 잠시 침묵했다가 콜하스를 떠나보내면서, 크리스티어른 폰 마이셴 왕자에게 통행증을 요청하여 받아내기를 바란다고 짧게 말했다.

콜하스는 대법관의 표정을 아주 잘 이해했지만 결심을 굽히기 는커녕 더욱 굳히고서 지체 없이 관청의 우두머리인 폰 마이센 왕자에게 편지를 보내 8일 동안 콜하젠브뤼크에 다녀오는 것을 허가하는 통행증을 요청했다.

이 편지에 대한 응답으로 그는 궁정고위관리* 지크프리트 폰 벤크 남작이 서명한 관청결정문을 받았다. 내용은 콜하젠브뤼크 방문용 통행증을 내려달라는 콜하스의 요청이 선제후 전하께 전달될 것이며, 전하의 지고한 승인이 내려지면, 곧바로 콜하스에게 통행증이 송달될 거라는 것이었다. 콜하스가 자신은 크리스티어른 폰 마이센 왕자에게 요청했는데 관청결정문의 서명은 어째서 지크프리트 폰 벤크 남작의 것이냐고 그의 변호사에게 문의하자, 왕자는 사흘 전에 자기 영지로 떠났고 그의 부재 중 관청 업무를 앞서 등장했던 벤크 남작의 사촌인 궁정고위관리 지크프리트 폰 벤크 남작이 맡게 되었다는 대답이 돌아왔다.

이 같은 상황 전개에 심장이 불안하게 뛰기 시작한 콜하스는 기이한 우회로를 거쳐 군주에게 전달된 그의 요청에 대한 결정을 여러 날 동안 학수고대했다. 그러나 한 주가 넘게 지나도 결정은 내려오지 않았고, 사람들이 그에게 매우 분명하게 예고했던 법원 판결

---

* Schlosshauptmann

도 내려지지 않았다. 그리하여 열두 번째 날에 콜하스는 정부가 자신에 대해서 무슨 생각을 품었든지 그 생각을 명백히 드러내기로 굳게 결심하고, 자리에 앉아 관청에 편지를 써서 통행증을 다시 한 번 절박한 표현으로 간청했다. 그러나 그 이튿날이 저물도록 답장은 역시나 오지 않았다.

그날 저녁에 콜하스가 자신의 처지에 대한 생각, 특히 루터 박사가 성사시켜준 사면에 대한 생각에 골똘히 잠겨 뒷방 창가로 한걸음 다가가서 보니, 일찍이 콜하스는 폰 마이센 왕자가 그곳을 방문하여 배치해둔 경비병들에게 마당의 작은 부속건물을 숙소로 내주었었는데, 그 건물 안에 경비병들의 모습이 보이지 않았다. 콜하스는 이루 말할 수 없이 당황했다. 그가 늙은 관리인 토마스를 불러 어찌된 일이냐고 묻자, 토마스가 한숨을 내쉬며 대답했다.

"주인님! 모든 일이 원리원칙대로 되지는 않습니다요. 오늘은 용병들이 평소보다 더 많은데 어둠이 내릴 무렵에 집안 곳곳으로 흩어졌습니다. 두 명은 창과 방패를 들고 길에 면한 앞문에 서있고, 두 명은 정원의 뒷문에 서있고, 또 다른 두 명은 복도의 짚더미 위에 누워있는데 거기에서 잘 거라고 합니다."

안색이 창백해진 콜하스가 몸을 돌리면서, 용병들이 어디에 있든 있기만 하면 되었다고, 복도에 가는 즉시 용병들이 있는 곳에 등을 놓아두어 그들이 주위를 살필 수 있게 하라고 퉁명스럽게 대꾸했다. 콜하스는 그릇을 비운다는 핑계로 앞쪽 창의 덧문을 열고 늙은 관리인이 알려준 바가 참임을 확인하고 나서—바로 그때 경비병들이 소리 없이 교대하면서 감시를 이어갔다—자고 싶은 생각은 거의 없지만 잠자리에 들었고 곧바로 이튿날 할 일에 대한 결심을 굳혔다.

콜하스가 정부에 대해서 가장 불쾌하게 여기는 것은 정부가 경비원들을 시켜 그를 감시함으로써 사면 약속을 사실상 깨고서도 정의로운 척 행세한다는 점이었다. 그리고 자신이 포로 신세라는 것을 이제 더는 의심할 수 없게 되었지만, 그것이 사실이라면, 그는 그것이 사실이라는 명확하고 솔직한 고백을 정부에 요구하여 받아내기로 했다.

그리하여 이튿날이 밝자마자 콜하스는 하인 슈테른발트에게, 며칠 전에 드레스덴에서 오래 전부터 아는 로케비츠의 행정관*과 대화했는데 언제 한번 아이들과 함께 놀러오라는 초대를 받았으니 가야겠다면서, 마차를 준비하라고 지시했다.

이 지시로 집안에서 일어난 움직임을 함께 모여 관찰한 용병들은 동료 한 명을 은밀히 시내로 보냈고, 몇 분 안에 관청의 하급관리**가 경찰관 여러 명을 이끌고 나타나 콜하스의 집과 마주한 집에 무슨 볼일이라도 있는 것처럼 들어갔다. 자식들에게 옷을 입히면서 이 같은 움직임을 주시한 콜하스는 일부러 마차를 집 앞에 필요 이

---

* Verwalter
** Gubernial-Offiziant

상으로 오래 세워두었고, 경찰의 채비가 끝난 것을 보자마자, 자식들과 함께 아무 거리낌 없이 집 앞으로 나갔다.

그는 문간에 늘어선 용병들을 지나치면서 그들에게 따라올 필요 없다고 말하고는 아들들을 안아 올려 마차에 태우고, 그의 지시에 따라 늙은 관리인의 딸 곁에 머물기로 했지만 울음을 터뜨린 어린 딸들을 입 맞추며 달랬다. 이어서 그가 마차에 오르자마자, 관청의 하급관리가 경찰관들과 함께 맞은편 집에서 나와 그에게 다가와서 어디로 가냐고 물었다. 며칠 전에 두 아들과 함께 놀러오라고 자신을 초대한 공무원 친구를 만나러 로케비츠로 간다고 콜하스가 대답하자, 하급관리는 그렇다면 폰 마이센 왕자의 명령에 따라서 기마 용병 몇 명이 동행할 것이니 조금 기다리라고 대꾸했다.

콜하스가 마차 위에서 미소 띤 얼굴로 내려다보면서, 언제 한번 식사 대접을 하겠다고 자청한 친구의 집에서 자신이 위험에 처할 것 같으냐고 물었다. 하급관리가 명랑하고 쾌활하게 대답하기를, 물론 위험이 그리 크지는 않다면서, 용병들은 콜하스에게 절대로 짐이 되지 않을 것이라고 덧붙였다. 콜하스가 진지하고 단호하게, 자신이 드레스덴에 도착했을 때 폰 마이센 왕자는 경비병들을 사용할지 여부를 콜하스 자신의 선택에 맡겼다고 말했다. 이 말에 놀란 하급관리가 조심스러운 어투로 콜하스가 드레스덴에 머문 기간 내내 지켜진 관행을 들먹이자, 말 장수는 어떤 돌발사건 때문에 그의 집에 경비병들을 배치하게 되었는지 설명했다.

하급관리는, 지금 이 순간 경찰의 우두머리인 궁정 고위관리 폰 벤크 남작은 콜하스의 신변을 항상 보호하라는 명령을 내렸다고 강조하면서, 무언가 오류가 발생한 것이 틀림없으니, 콜하스가 용병들의 동행을 수락하지 않겠다면 직접 관청으로 가서 오류를 바로잡으라고 간청했다. 좋은 쪽으로든 나쁜 쪽으로든 결판을 보기로 작정한 콜하스는 의미심장한 눈빛으로 하급관리를 바라보며 그렇게 하겠다고 말하고서 쿵쾅거리는 가슴으로 마차에서 내려 아이들은 관리인에게 맡겨 집 안으로 들이고 하인은 마차와 함께 집 앞에 머물게 하고 하급관리와 자신의 경비병들과 함께 관청으로 향했다.

말 장수가 동행과 함께 궁정 고위관리 벤크 남작이 있는 큰 방에 들어섰을 때, 마침 남작은 라이프치히 인근에서 붙잡혀 전날 저녁에 끌려온 나겔슈미트의 하인 패거리를 조사하는 중이었다. 그와 함께 있는 기사들은 그 하인들에게서 알아내고자 하는 많은 것들에 대해서 질문하고 있었다.

남작은 말 장수를 보자마자, 기사들이 돌연 입을 다물고 하인들에 대한 심문을 중단한 가운데, 다가와서 무엇을 원하느냐고 물었고, 말 장수가 남작에게 로케비츠의 공무원 곁에서 점심을 먹으려는 계획과 그 식사 자리에 필요 없는 용병들을 집에 남겨두고 싶다는 바람을 공손하게 고하자, 남작은 튀어나오려는 말을 꿀꺽 삼키는 듯한 기색과 함께 얼굴색을 바꾸면서, 로케비츠의 공무원과 식사하려는 계획을 포기하고 집에 가만히 머무는 편이 좋을 것이라고 대꾸했다. 그러면서 콜하스와의 대화 자체를 칼로 베듯 중단하고 하급관리를 향해 몸을 돌려 말하기를, 이 사내와 관련해서 자신이 그에게 내린 명령은 최종적이며 이 사내가 도시를 벗어나려면 반드시 말 탄 용병 여섯 명과 동행해야 한다고 했다.

콜하스는 자신이 포로 신세냐고, 온 세상이 보는 앞에서 발표된 사면 약속이 깨졌다고 판단해야 하느냐고 물었다. 그러자 남작이 돌연 숯불처럼 붉은 얼굴을 콜하스에게 돌리고 바투 다가와 그의 눈을 똑바로 바라보면서 "그래! 그렇지! 바로 그거야!"라고 대답하더니, 콜하스를 그냥 내버려둔 채로 등을 돌려 다시 나겔슈미트의 부하들에게 갔다. 콜하스는 곧이어 그 방을 떠났다.

그 자신이 감행한 이 행동으로 말미암아 그에게 남은 유일한 생존의 길인 도주가 매우 어려워졌음을 콜하스가 이때 이미 간파했는지 여부와 상관없이, 그는 이 행동을 긍정적으로 평가했다. 왜냐하면 이제 자신도 사면의 조건들을 지킬 의무에서 해방되었다는 판단에 이르렀기 때문이었다.

콜하스는 집에 돌아와 말들을 마차에서 풀라고 지시하고, 매우 슬프고 혼란스러운 심정으로 하급관리와 함께 자신의 방으로 들어갔다. 하급관리가 이 모든 일은 어떤 오해에서 비롯되었음이 틀림없고 그 오해는 곧 풀릴 것이라는 장담으로 말 장수의 메스꺼움을 돋우는 동안, 경찰관들은 하급관리의 신호에 따라 마당으로 통하는 모든 문에 빗장을 질렀다. 하급관리는 콜하스에게 앞쪽의 현관은 전과 다름없이 열려있으니 마음대로 사용하라고 강조했다.

***

그러는 사이에 나겔슈미트는, 에르츠게비르게 지역의 숲에서 추적자들과 용병들에게 정신없이 쫓기느라 스스로 자처한 역할을 수행할 엄두도 못 내는 형편에 몰려 있다가, 정말로 콜하스를 끌어들이자는 생각에 도달했다. 그는 드레스덴에서 콜하스가 벌이는 소송의 진행상황을 지나가는 여행자로부터 들어 꽤 정확하게 알고 있었으므로, 자신과 콜하스 사이에 뚜렷하게 존재하는 적대감에도 불구하고 그 말 장수를 움직여 새로운 관계를 맺을 수 있을 것이라고 믿었다.

그리하여 그는 거의 해독 불가능한 독일어로 편지를 써서 한 하인에게 건네주며 콜하스에게 전달하라고 지시했다. 편지의 내용은, 콜하스가 알텐부르크로 와서 해산된 동지들의 일부로 구성된 집단에 대한 지휘권을 다시 넘겨받을 뜻이 있다면, 나겔슈미트 자신은 콜하스가 드레스덴에서 탈출할 수 있도록 말과 사람과 돈을 제공할 준비가 되어있다는 것이었다. 그러면서 그는 콜하스에게 약속하기를, 앞으로 자신은 과거보다 더 잘 복종하고 디 착하고 올바르게 행동할 것이며 충성과 의리를 맹세하기 위해 직접 드레스덴으로 가서 콜하스가 감옥에서 탈출하는 것을 돕겠다고 했다.

그런데 이 편지를 소지한 하인이 재수 없게도 드레스덴 근처 어느 마을에서 어릴 적부터 앓아온 추악한 발작을 일으켜 쓰러져 버렸다. 그때 그를 도우려고 달려온 사람들이 그의 가슴받이에서 편지를 발견했고, 그는 정신을 차리는 즉시 체포되어 수많은 민중이 동행하는 가운데 어느 경비병의 손에 관청으로 이송되었다.

관청 고위관리 폰 벵크는 이 편지를 읽자마자 지체 없이 선제후를 알현하러 궁으로 갔고, 거기에서 힌츠와 부상에서 회복한 쿤츠, 총리실장 칼하임 백작과 마주쳤다. 이들은 그 말 장수가 먼저 편지를 보내지 않았다면, 또 그들이 새로운 만행을 저지르기 위해 사악하고 범죄적인 동맹을 맺지 않을 것이라면, 그런 편지가 씌어질 리 없다고 지적하면서, 콜하스를 당장 체포하여 나겔슈미트와 은밀히 내통한 죄로 재판에 회부해야 한다는 의견을 내놓았다.

선제후는 단지 이 편지를 근거로 자신이 콜하스에게 약속한 안전 통행의 권리를 무효화하는 것을 완강히 거부했다. 오히려 나겔슈미트의 편지를 보면 그와 콜하스 사이에 더 이른 연락이 없었다고 짐작하게 된다는 것이 선제후의 의견이었다. 그리고 그 짐작이 옳은지 여부를 명확히 하기 위해 선제후는 오래 주저한 끝에 총리실장의 제안을 받아들여, 나겔슈미트가 보낸 하인을 전과 다름없이 자유로운 양 꾸며서 콜하스에게 편지를 전달하게 하고 과연 콜하스가 답장을 쓰는지 시험해보기로 결정했다.

그리하여 감옥에 갇혔던 그 하인은 이튿날 아침에 관청으로 끌려왔고, 고위관리는 그에게 편지를 다시 내주면서, 그는 이제 자유로우며 처벌을 받아야 마땅하지만 사면될 것이라고 약속하고, 아무

일도 없었던 것처럼 말 장수에게 편지를 전하라고 지시했다. 하인은 군말 없이 그 나쁜 계략에 이용당하기로 했다.

그는 게 장수로 가장하여 관청의 하급관리가 시장에서 구해다 준 게들을 들고 마치 은밀하게 접근하는 것처럼 콜하스의 방으로 들어갔다. 자식들이 게를 가지고 노는 사이에 편지를 읽은 콜하스는 다른 때였다면 틀림없이 그 하인의 멱살을 움켜잡아 문 앞에 서 있는 용병들에게 넘겼을 것이다. 그러나 기분에 따라서는 그런 행동조차 부질없게 느껴질 수 있고, 또한 그는 세상의 어떤 것도 자신을 이 곤경에서 구할 수 없다고 완벽하게 확신하고 있었으므로, 콜하스는 익히 아는 그 하인의 얼굴을 슬픈 눈빛으로 바라보면서 그가 어디에 사느냐고 물었고, 몇 시간 뒤에 그의 두목과 관련한 자신의 결심을 알리려고 그를 다시 불렀다.

콜하스는 우연히 방에 들어선 슈테른발트에게 여기 있는 사내에게서 게 몇 마리를 사라고 명했다. 그 거래가 끝나고 슈테른발트와 그 하인이 서로를 모르는 채로 헤어진 뒤, 콜하스는 자리에 앉아 나겔슈미트에게 다음과 같은 내용의 편지를 썼다.

우선 요점부터 말하자면, 콜하스는 알텐부르크에 모인 집단을 지휘하라는 나겔슈미트의 제안을 받아들인다. 그러므로 현재 자식 다섯 명과 함께 감금된 콜하스를 탈출시키기 위해 나겔슈미트는 말 두 마리가 끄는 마차를 드레스덴 신시가지로 보내야 한다. 또한 일을 더욱 신속하게 진행하기 위해서 쌍두마차 한 대를 비텐베르크로 가는 도로에 준비해둘 필요가 있다. 너무 장황해서 설명할 수 없는 이유 때문에 콜하스는 비텐베르크를 경유해서만 나겔슈미트에게 갈 수 있다. 콜하스는 자신을 감시하는 용병들을 매수할 수 있다고 믿지만, 무력이 필요할 경우에 대비하여 용감하고 무시무시하고 잘 무장한 하인 몇 명을 드레스덴 신시가지에 대기시키기를 바란다.

이 모든 조치에 결부된 비용을 대기 위해 콜하스는 하인을 통해 나겔슈미트에게 금화 스무 냥을 보낸다. 일이 마무리되면 콜하스는 나겔슈미트와 함께 그 돈의 사용내역을 따져볼 것이다. 마지막으로 한마디 덧붙이자면, 콜하스는 나겔슈미트가 직접 드레스덴으로 와서 콜하스의 탈출을 돕는 것을, 그럴 필요가 없으므로, 거절하며, 오히려 우두머리가 반드시 필요한 집단을 임시로 지휘하기 위해 나겔슈미트가 알텐부르크에 남을 것을 분명하게 명령한다.

콜하스는 저녁에 나겔슈미트의 부하가 왔을 때 이 편지를 건네고 푸짐한 선물까지 주면서 편지를 잘 간수하라고 단단히 일렀다.

콜하스의 의도는 자식 다섯과 함께 함부르크로 가서 배를 타고 레반트*나 동인도, 또는 그가 모르는 사람들이 푸른 하늘을 이고 사는 곳이라면 어디로든 떠나는 것이었다. 나겔슈미트와 함께 일을 도모하는 것에 대한 반감은 제쳐두더라도, 고뇌와 슬픔에 짓눌

---

* 지중해 동안 지역

린 그의 영혼은 벤첼 지주로 하여금 그 검은 말들을 먹여 살찌우게 하겠다는 생각을 이미 포기한 상태였다.

하인이 콜하스의 답장을 궁정 고위관리에게 전달하자마자, 대법관이 해임되고 총리실장 칼하임 백작이 법원의 새 우두머리로 임명되었으며, 콜하스는 선제후의 칙명에 따라 체포되어 사슬에 단단히 묶인 채 드레스덴 탑 감옥에 유폐되었다. 콜하스의 답장은 도시 곳곳에 게시되었고, 콜하스는 그 답장을 증거로 재판에 회부되었다.

법정의 피고인석에 선 콜하스는 검사가 그 편지를 보여주며 그 자신의 필적임을 인정하느냐고 묻자 "예!"라고 대답했다. 또 그 자신을 변호하기 위해 무언가 제출할 것이 있느냐는 질문에, 시선을 내리 깔면서 "아니오!"라고 대답했다. 그리하여 콜하스는 몸을 시뻘겋게 달군 가죽장이의 집게로 집어 네 조각으로 찢고 교수대와 거열형틀 사이에서 태워버리는 형벌을 선고받았다.

***

가련한 콜하스가 드레스덴에서 이 같은 곤경에 처했을 때, 브란덴부르크 선제후가 방자한 작센 권력의 손아귀로부터 콜하스를 구하기 위해 나서서, 콜하스는 브란덴부르크의 신민(臣民)이라고 선언하는 항의성 외교문서를 작센 선제후의 총리실로 보냈다.

그는 일찍이 슈프레 강변을 산책하다가 충직한 시장 하인리히 폰 고이자우에게서 특이하지만 비난 받을 이유가 없는 콜하스라는 사내의 이야기를 들은 터였다. 그때 시장은 놀란 군주의 연이은 질문에 몰려, 군주의 대총리* 지크프리트 폰 칼하임 백작의 부적절한 행동 때문에 군주까지 비난을 받게 생겼다는 언급을 회피할 수 없었다. 이에 심히 격분한 선제후는 대총리와의 대화를 통해 모든 문제의 원인은 그와 트롱카 가문 사이의 인척관계임을 알아챈 후, 거듭 노여움을 표출하면서 대총리를 해임하고 하인리히 폰 고이자우를 새로운 대총리로 임명한 바 있었다.

***

그런데 공교롭게도 바로 이때, 우리가 모르는 어떤 이유로 작센 선제후 가문과 분쟁 중이던 폴란드 왕실이 브란덴부르크 선제후에게 자기네와 연합하여 작센 가문에 대항하자고 거듭 절실하게 요청해왔다. 그러므로 대총리 고이자우는, 비록 이런 일에 능숙하지 못했지만, 어떤 대가를 치르더라도 콜하스가 정의로운 대접을 받게 해주라는 군주의 지시를, 개별을 배려하다보면 전체가 위태로워지는 것이 물론 불가피하지만 그 불가피한 정도 이상으로 심각하게 전체를 위태롭게 만들지 않으면서 이행할 수 있다는 희망을 품을 만했다.

그리하여 대총리는, 드레스덴에서 이루어진 완전히 자의적이고 천인공노할 재판과 관련하여, 콜하스에게 죄가 있고 그 죄를 이유로 드레스덴 궁정이 베를린의 법률가를 통해 고소장을 제출할 경우에

---

* Erzkanzler. 이 작품에서는 '총리'와 같은 뜻으로 쓰임

그가 브란덴부르크의 법에 따라 재판을 받을 수 있도록, 콜하스를 즉각 조건 없이 인도할 것을 요구했을 뿐 아니라, 한 술 더 떠서, 콜하스가 작센 영내에서 검은 말들을 빼앗기고 그밖에 터무니없는 학대와 폭행을 당한 것과 관련하여, 트롱카의 지주 벤첼에 맞서 콜하스의 권리를 되찾아주기 위해 브란덴부르크 선제후가 법률가를 파견하고자 하니 통행증을 제공하라는 요구까지 했다.

지난번 작센의 공직 개편에서 총리실장으로 임명된 회계담당관 쿤츠는 이제 자신이 곤경에 처한 상황에서 베를린 궁정의 심기를 건드리는 것을 몇 가지 이유에서 원하지 않았다. 그리하여 그는 브란덴부르크 측의 외교문서를 받고 몹시 침울해진 작센 선제후의 이름으로 답장을 써서, 세상에 잘 알려진 대로 콜하스는 작센의 수도에 상당한 토지를 보유하고 있으며 작센의 시민임을 전혀 부인하지 않으므로 그가 작센 영토에서 저지른 범죄로 인해 그를 법에 따라 처형할 권리가 드레스덴 궁정에 있음에도 불구하고 이를 부정하는 비우호적이고 부당한 행태가 놀라울 따름이라는 입장을 전했다.

그러나 폴란드 왕실이 자기네 요구를 전쟁으로 관철하기 위해 오천 명 규모의 군대를 작센 국경에 이미 집결시키고, 브란덴부르크 대총리 하인리히 폰 고이자우가 선언하기를, 말 장수 콜하스의 이름이 유래한 장소인 콜하젠브뤼크는 브란덴부르크 영내에 있고, 콜하스에게 내려진 사형선고의 집행은 국제법 위반으로 간주될 것이라고 하자, 작센 선제후는, 다름 아니라 이 일에서 발을 빼기를 원하는 회계담당관 쿤츠의 조언에 따라, 크리스티어른 폰 마이센 왕자를 그의 영지에서 불러들였고, 이 합리적인 인물의 몇 마디 말에, 콜하스를 브란덴부르크 대총리가 요구한 대로 베를린 궁정에 넘기기로 결심했다.

왕자는 이미 일어난 부적절한 일들이 꽤 불만스러웠지만 궁지에 몰린 군주의 바람에 따라 마지못해 콜하스 사건에 대한 지휘권을 넘겨받고 군주에게, 이제 그 말 장수를 베를린 대법원에 무슨 혐의로 고소하면 좋겠느냐고 물었다.

콜하스가 나겔슈미트에게 보낸 괘씸한 편지는 애매하고 불명확한 상황에서 씌어졌기 때문에 증거로 제시할 수 없었고, 콜하스가 더 먼저 저지른 약탈과 방화는 게시문을 통해 용서한다고 공표했으므로 언급하지 말아야 했기에, 작센 선제후는 빈에 있는 황제 폐하께 콜하스가 작센을 무력으로 침략했다고 보고하면서 황제의 공식적인 평화 명령이 위반되었다고 항의하고, 사면 약속에 얽매이지 않은 황제 폐하께서 제국검사를 통해 베를린 궁정 법원에서 콜하스를 문책하실 것을 간청하기로 결심했다.

그로부터 여드레 뒤에 말 장수 콜하스는 여전히 차꼬를 찬 채로 브란덴부르크 선제후가 기마병 여섯 명과 함께 드레스덴으로 파견한 기사 프리트리히 폰 말찬의 안내로 마차에 올라, 그의 요청으로 고아원과 아동보호소에서 찾아 다시 데려온 다섯 명의 자식과 함께 베를린을 향해 출발했다.

그때에 작센 선제후는 작센 국경지역에 상당한 토지를 소유한 지방관* 알로이지우스 폰 칼하임 백작의 초대를 받아, 회계담당관 쿤츠, 그의 아내이며 폰 칼하임 지방관의 딸이고 전임 총리실장의 여동생인 헬로이제 부인, 그밖에 휘황찬란한 귀족 남녀와 사냥터 지주들과 농장주들과 함께, 그의 기분전환을 위해 마련된 대규모 사슴 사냥을 위해 다메에 와있었다.

그리하여 언덕 위의 도로를 가로질러 설치하고 깃발로 장식한 천막들의 지붕 아래, 무리 전체가 여전히 사냥터의 먼지를 뒤집어쓴 채로 식탁에 앉아 어느 참나무 밑동을 중심으로 울려 퍼지는 경쾌한 음악을 들으며 시동(侍童)들의 시중을 받고 있을 때, 말 장수 콜하스가 기마 경비병들과 함께 드레스덴 쪽에서 도로를 따라 그들에게 천천히 다가왔다.

콜하스와 동행하는 폰 말찬 기사는 콜하스의 작고 어린 자식들 중 하나가 병에 걸리는 바람에 헤르츠베르크에 사흘 동안 머물러야 했는데, 그는 브란덴부르크 군주에게만 보고의 의무를 지고 있으므로 그 지체를 드레스덴 정부에 알릴 필요는 없다고 판단하여 알리지 않은 상태였다.

가슴을 반쯤 열어젖히고 사냥꾼처럼 전나무 가지로 치장한 깃털 장식 모자를 쓴 작센 선제후가 이른 청년기에 자신의 첫사랑이

---

* Landdrost

었던 헬로이제 부인 곁에 앉아 우아한 축제 분위기에 유쾌해진 기분으로 말했다. "우리 저기로 가서 저 불행한 자에게, 그가 누구이든 상관없이, 이 포도주잔을 건넵시다!"

그러자 곧바로 헬로이제 부인이 다정한 눈빛으로 선제후를 바라보며 자리에서 일어나 식탁 전체를 돌아다니면서 과일과 과자와 빵을 시동이 가져다준 은그릇에 담았다. 곧이어 이미 무리 전체가 온갖 먹을거리와 음료를 들고 소란스럽게 천막을 나섰을 때, 지방관이 당혹스러운 표정으로 다가와 그들에게 가지 말라고 간청했다. 놀란 선제후가 지방관에게 무슨 일이 있기에 그리 당황하느냐고 묻자, 지방관은 회계담당관에게 등을 돌리고 더듬거리면서 마차 안에 콜하스가 있다고 말했다.

콜하스가 이미 엿새 전에 베를린으로 출발했다는 것은 온 세상이 다 아는 바이므로 아무도 납득할 수 없는 이 소식에 회계담당관 쿤츠는 잔을 들고 천막을 등진 자세로 모래바닥에 포도주를 쏟았다. 온통 붉게 상기된 선제후는 회계담당관의 신호를 받은 시동이 내민 접시에 자신의 잔을 내려놓았다.

곧이어 기사 프리트리히 폰 말찬이 그로서는 누구인지 모르는 무리의 공손한 인사를 받으며 도로를 가로지른 천막 밧줄들을 천천히 통과하여 계속 다메로 나아가는 동안, 신사 숙녀들은 지방관의 제안을 받아들여 폰 말찬 일행에 대한 관심을 거두고 천막으로 돌아갔다.

선제후가 자리에 앉자마자, 지방관은 콜하스가 당장 떠나도록 만들기 위해 은밀히 다메의 행정관*에게 사람을 보냈다. 그러나 폰 말찬 기사가 곧 저물녘이 될 것이므로 다메에서 하룻밤 묵겠다고 분명하게 밝혔기 때문에, 사람들은 그를 덤불로 가려진 행정관 소유의 외딴 농가에 묵게 하는 선에서 만족할 수밖에 없었다.

저녁 무렵 신사 숙녀들이 포도주와 풍성한 후식을 즐기며 흥청거리느라 낮에 있었던 소동을 까맣게 잊어버렸을 때, 지방관이 방금 눈에 띈 사슴 떼를 잡기 위해 다시 한 번 매복하자고 제안하자, 무리 전체가 기뻐하면서 그 제안을 받아들였다. 그들은 둘씩 짝지어 총을 챙기고 무덤과 울타리를 넘어 가까운 숲으로 달려갔다.

이 구경거리를 직접 보려고 선제후의 팔에 매달린 헬로이제 부인과 선제후는 그들에게 배정된 심부름꾼에게 이끌려 곧장 어느 집의 마당을 가로질렀는데, 놀랍게도 그 집은 콜하스가 브란덴부르크 기마병들과 함께 머무는 곳이었다.

이 말을 들은 헬로이제 부인이 "지극히 자비로우신 전하, 이리 와요, 이리요!" 하고 말하면서 희롱하듯이 선제후의 목에 걸린 목걸이를 그의 비단 가슴받이 속에 감추고 이렇게 덧붙였다. "다른 사람들이 따라오기 전에 우리 그 농가에 몰래 들어가서 거기에서 숙박하는 그 별난 사내를 구경하기로 해요!"

---

* Magistrat

선제후가 그녀의 손을 잡고 얼굴을 붉히며 말했다. "헬로이제! 대체 무슨 생각을 하는 거요?"

하지만 그녀가 놀란 표정으로 그를 빤히 보면서 지금처럼 사냥 꾼 옷을 입은 그를 선제후로 알아볼 사람은 아무도 없다고 대꾸하고, 바로 그 순간 사냥터 지주 두세 명이 그 집에서 벌써 호기심을 채우고 나와서는 지방관의 조치 덕분에 폰 말찬 기사도 그 말 장수도 다메 근처에 모인 사람들이 누구인지 정말로 모른다고 확언하자, 선제후는 미소를 짓고 모자를 눌러 눈을 가리면서 이렇게 말했다. "어리석은 것, 아름다운 여자의 입을 가진 네가 세상을 다스리는구나!"

선제후 일행이 콜하스를 방문하려고 농가에 들어섰을 때, 콜하스는 등을 벽 쪽으로 향하고 짚단 위에 앉아 헤르츠베르크에서 병에 걸린 자식에게 빵과 우유를 먹이고 있었다. 헬로이제 부인이 말문을 틀 목적으로, 너는 누구냐, 아이에게 무슨 문제가 있느냐, 너는 무슨 죄를 지었고 이런 감시를 받으면서 어디로 연행되느냐고 묻자, 콜하스는 가죽 모자를 살짝 건드려 인사하고 하던 일을 계속하면서 이 모든 질문에 풍족하지는 않더라도 충분하게 대답했다.

사냥터 지주들 뒤에 서있던 선제후는 콜하스가 비단 끈에 꿰어 목에 건 작은 납 상자를 보았고, 마침 그때 더 나은 이야깃거리가 떠오르지 않았기에, 그것이 무엇이냐고, 그 안에 무엇이 들어있느냐고 물었다.

콜하스가 대답했다. "예, 엄정하신 나리. 이건……" 그러면서 납 상자를 목에서 벗어 열고, 옻칠로 밀봉한 작은 쪽지를 꺼냈다. "…… 특별한 사연이 있는 상자입니다. 아마 일곱 달 전이었을 겁니다. 정확히 제 아내의 장례를 치른 다음날이었지요. 아마 나리도 알게 되시겠지만, 저는 저에게 많은 몹쓸 짓을 한 트롱카의 지주를 붙잡으려고 콜하젠브뤼크에서 출격했는데, 바로 그때 제가 모르는 어떤 협상을 위해 작센 선제후와 브란덴부르크 선제후가 위터복 장터에서 만남을 가졌고, 저는 정찰 중에 그곳을 통과했습니다.

두 선제후께서는 저녁 무렵에 원만하게 합의를 보고 나서 마침 그때 그곳에서 열린 흥겨운 연시(年市)를 구경하려고 우호적인 대화를 나누며 거리를 걸으셨지요. 그러다가 두 분은 집시 여인 하나가 걸상에 앉아 달력을 보면서 주위 사람들에게 예언을 하는 것을 보고 농담 삼아 그 여인에게 자신들에게도 무슨 좋은 얘기를 해줄 것이 없느냐고 물었습니다.

그때 저는 일행과 함께 어느 여관에 짐을 푼 다음에 방금 말씀드린 일이 일어난 광장에 있었지만 교회 입구에 서 있는 통에 수많은 사람들이 앞을 가려서 그 비범한 여인이 두 분 선제후께 하는 말을 듣지 못했지요. 아무튼 사람들이 그 여인은 자기가 아는 것을 아무에게나 알려주지 않는다고 웃음을 섞어 수군거리면서 구경거리를 놓치지 않으려고 몹시 몰려들었기 때문에, 저는 솔직히 호기심 때문이라기보다 호기심 많은 사람들에게 자리를 양보하려고 제 뒤의 교회 입구에 내팽개쳐진 긴 의자 위로 올라갔습니다.

의자 위에서 시야를 확보한 제가 선제후 두 분과 그 앞의 걸상에 앉아 무언가 끼적거리는 듯한 그 여자를 바라보기 시작한 순간, 갑자기 그 여인이 주위 사람들을 둘러보며 목발을 짚고 일어서더니, 저는 그녀와 한마디 말도 해본 적 없고 평생 그녀의 지혜를 열망한 적도 없는데, 하필 저에게 시선을 고정했습니다. 그러더니 빽빽이 들어찬 사람들을 헤치고 저에게 다가와서 말했지요. '옳거니! 나리께서 알고 싶다면, 너에게 물어보면 되겠구나!'

엄정하신 나리, 그러면서 그 여자가 뼈가 다 보일 정도로 마른 손으로 저에게 이 쪽지를 건넸습니다. 그래서 제가 당황해서, 모든 사람들이 저를 바라보는 가운데, '아주머니, 나에게 무얼 주는 거요?' 하고 묻자, 그 여자는 알아들을 수 없는 말을 한참 중얼거리더니 '부적이다, 말 장수 콜하스. 장차 네 목숨을 구해줄 물건이니 잘 간직하여라.' 하고 대답하고는 사라졌답니다. 저는 그 여인이 제 이름을 아는 것에 깜짝 놀랐습니다. 어쨌거나……" 콜하스가 좋은 기분으로 말을 이었다. "진실을 말씀드리자면, 저는 드레스덴에서 아주 험한 일을 겪었지만 목숨을 잃지는 않았습니다. 제가 베를린에서 어떻게 될지, 거기에서도 살아남을지는 두고 봐야겠지만요."

이 이야기를 들은 선제후는 긴 의자에 주저앉았다. 헬로이제 부인이 당황하여, 어디 아프시냐고 묻자, 선제후는, 아니라고 아무렇지도 않다고 대답했지만, 부인이 달려와 그를 품에 안을 새도 없이,

곧바로 정신을 잃고 바닥에 쓰러졌다. 그 순간 무언가 용무가 있어 방에 들어온 폰 말찬 기사가 말했다.

"하느님 맙소사! 어떻게 된 일입니까?"

헬로이제 부인이 외쳤다. "물을 가져와요!"

사냥터 지주들이 선제후를 안아 옆방의 침대에 눕혔다. 얼마 후, 시동이 불러온 회계담당관이 선제후의 생기를 회복시키려고 여러 번 부질없이 애쓴 뒤에, 모든 증상을 볼 때 그가 뇌졸중으로 쓰러진 듯하다고 선언했을 때, 공황은 극에 달했다.

음료담당관이 의사를 부르기 위해 기마 전령을 루카우로 보내는 동안, 지방관은 눈을 뜬 선제후를 마차에 태워 인근에 있는 자신의 사냥용 별장으로 한걸음씩 천천히 데려가게 했다. 그러나 이 이동이 힘겨웠던 선제후는 별장에 도착하여 다시 두 번 정신을 잃었다. 그리하여 그는 이튿날 늦은 오전에 루카우의 의사가 도착한 뒤에야, 비록 티푸스*가 발병하기 직전임을 시사하는 결정적인 증상들이 있기는 했지만, 어느 정도 생기를 되찾았다.

그가 의식을 회복하자마자 침대에서 상체를 일으키고 가장 먼저 던진 질문은, 콜하스는 어디에 있느냐는 것이었다. 선제후가 질문한 의도를 오해한 회계담당관은 그의 손을 잡으면서, 그 끔찍한 인간에 대해서는 걱정하지 않아도 된다고, 어제의 특이하고 이해할 수

---

* 원문 Nervenfieber는 티푸스의 옛 이름

없는 사건 이후에 그 인간은 규정대로 브란덴부르크 경비병들의 감시 하에 다메의 농가에 머물고 있다고 말했다.

회계담당관은 선제후의 일은 자신의 일과 다름없다고 확언하고, 무모하고 경솔하게도 선제후를 그 인간과 만나게 한 자신의 부인을 호되게 나무랐다고 힘주어 말하면서, 선제후가 그 인간과 대화하던 중에 어찌하여 그렇게 기이하고 끔찍한 일이 일어난 것이냐고 물었다. 선제후가 대답하기를, 그 인간이 납 상자 안에 넣어 지니고 있는 하찮은 쪽지를 본 것이 그를 덮친 발작의 원인이라고 인정할 수밖에 없다고 했다. 그는 회계담당관이 이해할 수 없는 설명을 몇 가지 덧붙이고는, 갑자기 양손으로 회계담당관의 손을 꽉 쥐면서, 그 쪽지를 소유하는 것이 선제후 자신에게 지극히 중요하다고 단언하더니, 즉시 말을 타고 다메로 가서 값을 얼마나 치르든 상관없이 그 인간에게서 그 쪽지를 사라고 지시했다.

회계담당관이 당혹감을 내색하지 않으려 애쓰면서 힘주어 말하기를, 선제후에게 그 쪽지가 중요하다면, 콜하스가 그 사실을 모르게 하는 것이 세상에서 가장 중요하다고, 그 사실을 경솔하게 발설하여 그 인간이 알게 되면, 선제후가 소유한 재산을 전부 털어 넣어도 그 쪽지를 복수욕에 불타는 그 흉악한 인간에게서 살 수 없을 것이라고 했다. 그러면서 선제후를 안심시키기 위해, 다른 수단을 궁리해야 한다고, 그 악당은 그 쪽지 자체에 그다지 집착하지 않는 듯하니까, 어쩌면 무심한 제삼자를 동원하는 계략으로 선제후에게 매우 중요한 그 쪽지를 손에 넣을 수 있을지도 모른다고 덧붙였다.

선제후가 땀을 닦으며, 지금 당장 다메로 사람을 보내서 어떤 방법으로든 그 쪽지를 손에 넣을 때까지 당분간 그 말 장수의 이동을 막을 수 없겠느냐고 물었다. 회계담당관이 자신의 귀를 의심하면서 잘라 말하기를, 유감스럽게도 어느 모로 짐작해보나 그 말 장수는 이미 다메를 떠나 국경 너머 브란덴부르크 영토에 있을 것이 틀림없는데, 그곳에서 그의 이동을 막거나 심지어 되돌리려고 한다면, 극도로 불쾌하고 번거롭고 어쩌면 도무지 제거할 수 없는 문제들이 발생할 것이라고 했다.

선제후가 모든 희망을 잃은 사람의 표정으로 말없이 상체를 다시 눕히자, 회계담당관이 그에게, 대체 그 쪽지에 무엇이 씌어 있느냐, 그 쪽지의 내용이 선제후와 관련이 있다는 것을 어떤 기이하고 불가해한 우연을 통해 선제후 자신이 알게 되었느냐고 물었다. 그러나 선제후는 이제 회계담당관의 복종심을 불신하면서 그를 애매한 눈빛으로 바라볼 뿐, 아무 대답도 하지 않았다. 그는 불안정하게 박동하는 심장으로 꼼짝없이 누워 생각에 잠긴 채, 양손으로 쥔 손수건의 끄트머리를 내려다보았다. 그러다가 갑자기, 젊고 건장하고 영리한 귀족이며 이미 선제후의 비밀 지시들을 수행해본 적이 있는 사냥터 지주 폰 슈타인을, 그와 어떤 다른 일을 처리해야 한다는 핑계를 대면서, 방으로 부르라고 지시했다.

선제후는 폰 슈타인에게 사태를 설명하고 콜하스가 지닌 쪽지의 중요성을 일러준 다음, 콜하스의 베를린 도착 이전에 선제후 자신이 그 쪽지를 입수하도록 도와준다면 선제후의 영원한 우정을 얻게 될 것인데 그렇게 할 뜻이 있느냐고 물었다. 사냥터 지주는 참으로 기이한 그 상황을 조금이나마 파악하자마자, 온 힘을 다하여 선제후를 섬기겠다고 다짐했다.

그리하여 선제후는 그에게, 콜하스를 좇아가서, 돈으로 그에게 접근할 수는 없을 듯하니, 영리하게 대화의 자리를 마련하여, 그 쪽지를 넘기는 대가로 자유와 생존을 주겠다고 제안하라고, 쉽게 말해서 그가 완강하게 요구한다면, 물론 조심스럽게 제공해야겠지만, 그를 호송하는 브란덴부르크 기마병들의 손아귀에서 당장 탈출할 수 있도록 말과 사람과 돈을 제공하라고 지시했다.

사냥터 지주는 선제후에게 신임장을 요청하여 받은 다음, 곧바로 하인 몇 명과 함께 출발했고, 말들을 숨쉴 틈도 없이 몰아댄 결과, 운 좋게도 어느 국경마을에서 콜하스를 따라잡았다.

콜하스는 폰 말찬 기사와 다섯 자식과 함께 그 마을의 어느 집 문 앞에 차려진 야외 식탁에서 점심을 먹고 있었다. 사냥터 지주가 폰 말찬 기사에게 자신은 지나가는 여행자인데 그가 호송하는 특별한 사내를 한번 보고 싶어서 왔다고 말하자, 기사는 즉시 친절하게 사냥터 지주에게 콜하스를 소개하면서 식탁에 앉으라고 권했다.

기사는 떠날 채비를 위해 가끔 자리를 떴고, 기마병들은 집 뒤편에 차려진 식탁에서 식사 중이었으므로, 사냥터 지주가 말 장수에게 자신이 누구이고 어떤 특별한 임무를 띠고 왔는지 털어놓을 기회가 머지않아 찾아왔다. 말 장수는 다메의 농가에서 문제의 상자를 보고 실신했던 인물의 이름과 지위를 알고 멍해질 정도로 놀랐고, 게다가 그 인물이 원하는 것은 오로지 그 쪽지의 비밀뿐이라는 것을 알고는 더욱더 놀랐다. 여러 이유에서 그는 단지 호기심으로 그 쪽지를 열어보지는 않기로 결심한 상태였다.

말 장수는 자신이 드레스덴에서 어떤 희생이라도 달게 치르기로 마음먹고서 당해야 했던 처우, 그 야박하고 군주답지 못한 처우를 되새기면서, 자신은 그 쪽지를 내줄 생각이 없다고 말했다. 사냥터 지주가 쪽지를 주는 대가로 자그마치 자유와 생명을 제공하겠다는데도 이렇게 기이하게 거절을 하는 이유가 무엇이냐고 묻자, 콜하스가 대답했다.

"고귀하신 나리! 설령 당신의 군주가 와서, '내가 나 자신과 나의 통치를 돕는 무리 전체를 없애버리겠다'고 말하더라도요, 알아들으셨습니까? 나리, 다름 아니라 없애버리는 것입니다. 물론 그것은 나의 영혼이 품은 가장 큰 소망입니다만, 설령 당신의 군주가 그렇게 말한다 하더라도, 나는 그의 입장에서 생존보다 더 중요한 이 쪽지를 그에게 내주기를 거부하고 이렇게 말할 것입니다. 당신은 나를 처형대로 보낼 수 있지만, 나는 당신에게 고통을 줄 수 있고, 줄 것이다!"

이 말과 함께 콜하스의 얼굴에 죽음의 빛이 드리웠다. 그는 기마

125

병 한 명을 불러 그릇에 남은 좋은 음식을 먹으라고 권했고, 그 마을에 머무는 나머지 시간 내내 식탁에 없는 듯이 앉아있는 사냥터 지주에게 눈길도 주지 않다가 그가 마차에 오르자 비로소 작별인사를 건네는 눈빛으로 그를 바라보았다.

이 소식을 전해들은 선제후의 상태는 심하게 악화되었고, 절체절명의 사흘 동안 의사는 여러 방향에서 동시에 공격을 당하는 선제후의 생명을 극도로 염려했다. 그럼에도 선제후는 타고난 건강 덕분에 병상에서 힘겹게 몇 주를 보낸 뒤 기력을 되찾았다. 그리하여 사람들은 적어도 그를 깔개와 담요가 잘 갖춰진 마차에 싣고 드레스덴으로 모셔 다시 통치 업무에 복귀시킬 수 있었다.

선제후는 드레스덴에 도착하자마자 크리스티어른 폰 마이센 왕자를 불러서, 법률고문 아이벤마이어를 보내는 일이 어떻게 되었느냐고 물었다. 아이벤마이어는 황제의 평화 명령이 위반되었다는 항의를 황제 폐하께 직접 전달하기 위해 콜하스 사건의 담당 법률가 자격으로 빈에 파견하기로 결의된 인물이었다. 왕자는, 선제후가 다메로 출발할 때 내린 명령대로, 법률가 초이너가 도착한 직후에, 아이벤마이어는 빈으로 출발했다고 대답했다. 초이너는 브란덴부르크 선제후가 트롱카의 지주 벤첼을 상대로 검은 말들과 관련한 소송을 제기하기 위해 법률가 자격으로 드레스덴에 파견한 인물이었다.

선제후는 얼굴을 붉히고 책상으로 다가가면서, 그리 성급하게 일을 처리했다니 참으로 놀라울 따름이라고 말하고, 선제후 자신이 알기로 자신은, 우선 콜하스의 사면을 성사시킨 루터 박사와 의논할 필요가 있기 때문에, 더 자세하고 확정적인 명령이 내려질 때까지 아이벤마이어의 파견을 보류하기를 바란다는 뜻을 확실히 전달했다고 덧붙였다. 그러면서 그는 분을 참는 표정으로 책상 위에 놓인 편지와 문서 몇 장을 내팽개치듯 간추렸다.

왕자는 눈이 휘둥그레져서 잠깐 동안 말없이 선제후를 바라보더니, 자신이 선제후를 만족시키지 못했다면 유감이라고, 하지만 방금 언급한 시점까지 법률가를 파견하는 것을 그 자신의 의무로 정한 군주자문위원회 결의문을 제시할 수 있다고 결연하게 대꾸했다. 또 군주자문위원회에서 루터 박사와의 의논에 대해서는 일언반구도 없었고, 그 성직자가 콜하스를 위해 애쓴 것을 감안하여 그와 의논하는 것은 과거에는 어쩌면 합당했겠지만, 온 세상이 보는 앞에서 콜하스에 대한 사면 약속을 깨고 그를 체포하여 유죄판결과 처형을 위해 브란덴부르크 법원에 넘기고 난 지금은 그렇지 않다고 덧붙였다.

선제후는, 아이벤마이어를 파견한 것은 실제로도 큰 실수가 아니라고, 하지만 자신은 아이벤마이어가 또 다른 명령이 내려질 때까지 당분간 빈에서 검사 역할을 맡지 않기를 바란다고 말하고, 그러니 지체 없이 특급우편으로 그에게 필요한 지시를 내리라고 왕자에게 요청했다. 왕자는, 유감스럽게도 이 명령은 하루 늦게 내려졌다

고, 오늘 들어온 소식에 따르면 아이벤마이어는 이미 검사 역할을
맡아서 빈 총리실에 고소장을 제출했다고 대꾸했다.

선제후가 당황하면서, 어떻게 이토록 순식간에 모든 일이 일어
날 수 있느냐고 묻자, 왕자는 아이벤마이어가 출발한 지 벌써 3주가
지났다면서, 그는 지시 받은 대로 빈에 도착하자마자 지체 없이 일
을 처리할 의무가 있었다고 덧붙였다. 왕자의 생각에 따르면, 더구
나 브란덴부르크에서 온 법률가 초이너가 트롱카의 지주 벤첼에 대
해 심히 완강하게 굴면서 가죽장이가 데리고 있는 검은 말들을 장
차 건강을 회복시킬 목적으로 일단 데려올 것을 법원에 요구하고
상대 진영의 온갖 반대에 아랑곳없이 그 요구를 관철한 상태였으므
로, 아이벤마이어가 일처리를 미뤘다면, 그것은 더욱더 부적절한 행
동이었을 터였다.

선제후가 초인종을 울리면서 말했다. "듣기 싫소! 쓸데없는 얘기
는 그만 하시오!" 그리고 그는 다시 왕자를 향해 몸을 돌려, 드레스
덴의 다른 상황들은 어떠냐, 그가 없는 동안 무슨 일이 있었느냐고
심드렁하게 물은 다음, 자신의 깊은 속내를 감추지 못한 채, 악수로
인사하고 왕자를 떠나보냈다.

그리고 바로 그날에 선제후는 콜하스 사건의 정치적 중요성 때
문에 그 사건을 자신이 직접 검토하려 한다는 핑계를 대면서, 콜하
스 관련 서류 일체를 달라고 왕자에게 서면으로 요구했다. 그리고 그
에게 그 쪽지의 비밀을 알려줄 수 있는 유일한 인물인 콜하스를 해

친다는 것은 그로서는 생각만 해도 견디기 힘든 일이었으므로, 선제후는 친필로 황제에게 편지를 써서, 아마도 머지않아 좀더 분명하게 설명드리게 될 중요한 이유들 때문에 아벤마이어가 콜하스를 상대로 제기한 소송을 또 다른 결정이 내려질 때까지 당분간 취하하는 것을 허락해달라고 다급하고 간절하게 청했다.

황제는 총리실에서 작성된 공문으로 다음과 같이 답변했다. 선제후의 마음이 갑자기 변한 듯하여 황제는 몹시 놀랐다. 작센 측이 황제에게 보고한 바에 따르면, 콜하스 사건은 신성로마제국 전체와 관련된 사안이다. 그러므로 황제는 신성로마제국의 우두머리로서 이 소송의 검사 역할을 맡아 브란덴부르크 법원에 나설 의무가 있다고 느꼈다. 그리하여 황실 보좌관 프란츠 뮐러가 황제의 법률가 자격으로 콜하스의 평화 명령 위반을 문책하기 위해 이미 베를린으로 갔다. 이제 고소 취하는 절대로 불가능하며, 법에 따라 소송이 진행되어야 한다.

이 편지는 선제후를 나락으로 떨어뜨렸다. 그리고 얼마 후, 콜하스에 대한 재판이 베를린 대법원에서 시작되었다는 소식과 콜하스 측 변호사의 온갖 노력에도 불구하고 콜하스에게 사형선고가 내려질 가능성이 높다는 예상을 담은 사적인 편지들이 베를린에서 당도하여 선제후를 극도로 침통하게 만들었을 때, 이 불행한 양반은 다시 한 번 시도하기로 결심하고 브란덴부르크 선제후에게 친필로 편지를 써서 말 장수 콜하스를 살려줄 것을 간절히 청했다.

작센 선제후는, 콜하스가 사면을 약속 받았으므로 그에 대한 사형 집행은 당연히 허용되지 않는다는 구실을 내세우면서, 사람들이 콜하스를 외견상 모질게 대우하기는 했지만, 그 자신은 콜하스를 죽게 놔둘 의도를 품은 적이 결코 없다고 단언하고, 사람들이 콜하스에게 베를린에서 보호를 받게 해주겠다고 말해놓았는데, 예기치 못한 변화로 결국 콜하스가 보호 받기는커녕 드레스덴에 남아 작센 법에 따라 판결을 받았을 경우에 나올 만한 결과보다 더 큰 불이익을 당한다면, 콜하스가 얼마나 크게 절망할지 묘사했다.

브란덴부르크 선제후는 이 진술에 몇 가지 애매하고 불분명한 점이 있다고 느끼면서 답변하기를, 황제의 법률가가 취한 강력한 조치는 작센 선제후의 바람을 들어주기 위해 엄격한 법 규정을 벗어나는 것을 결코 허용하지 않는다고 했다. 또한 콜하스가 사면령을 통해 용서받은 범죄들을 이유로 삼아 그를 베를린 대법원에 고소한 당사자는 사면령을 내린 작센 선제후가 아니라 그 사면령에 전혀 얽매이지 않은 황제이므로, 작센 선제후가 제기한 우려는 실제로 너무 지나치다고 지적했다.

그러면서 브란덴부르크 선제후는, 나겔슈미트의 폭력행위가 계속되고 심지어 전례 없이 대담하게 브란덴부르크 영토에까지 미친 상황에서 경고를 위해 본때를 보이는 것이 얼마나 필요한지 설명하고, 작센 선제후가 이 모든 사정을 고려할 뜻이 없다면, 콜하스에게 유리한 명령은 오로지 황제의 입장표명이 있어야만 내려질 수 있으므로, 황제 폐하께 직접 호소해보라고 권했다.

이처럼 모든 노력이 수포로 돌아가자 작센 선제후는 슬프고 원통하여 다시 몸져누웠고, 어느 날 아침 회계담당관이 그를 방문했을 때, 콜하스의 목숨을 연장하여 그가 지닌 쪽지를 손에 넣을 시간이라도 벌기 위해 선제후 자신이 빈 궁정과 베를린 궁정에 보낸 편지들을 회계담당관에게 보여주었다. 회계담당관은 선제후 앞에 무릎을 꿇고, 대체 그 쪽지에 무엇이 씌어있는지 제발 말해달라고 간청했다. 선제후는 회계담당관에게 방문에 빗장을 지르고 침대 위에 앉으라고 말했다. 그리고 회계담당관의 손을 붙들어 자신의 가슴에 대고 한숨을 내쉬더니 말문을 열었다.

"자네의 부인이 자네에게 벌써 이야기했다고 들었네만, 브란덴부르크 선제후와 나는 위터복에서 만나 회담을 한 지 사흘째 되던 날에 어느 집시 여인과 마주쳤었네. 그런데 천성적으로 영리한 브란덴부르크 선제후가 모든 사람들이 보는 앞에서 장난을 쳐서 그 기이한 여인의 명성을 뭉개버리기로 작심했지. 방금 전 식사 자리에서 부적절하게도 그 여인의 재주에 대한 이야기가 오고간 터였거든.

그래서 그는 팔짱을 끼고 그녀의 탁자 앞으로 가서, 그녀가 그에게 하려는 예언이 옳은지를 오늘 당장 확인할 수 있도록 증표를 달라고 요구했네. 그러면서 그런 증표를 주지 않으면, 설령 그녀가 로마의 여류 예언가라 하더라도 그 자신은 그녀의 말을 믿을 수 없다고 했지. 그 여인은 우리를 위아래로 슬쩍 훑어보더니, 우리가 그 장터를 떠나기 전에 정원사의 아들이 공원에서 기르는 덩치 크고 뿔이 난 수컷 노루와 마주치게 될 것이라면서, 그것이 증표라고 말했네.

그런데 자네가 알아둬야 할 것이 있어. 드레스덴 요리에 쓰려고 기르는 그 수노루는 높은 목조 울타리로 둘러싸인 우리에 갇혀 있었네. 그 우리는 공원의 참나무 숲 속에 있고 자물쇠와 빗장으로 출입구가 봉쇄되어 있었지. 게다가 다른 작은 야생동물들과 새들 때문에 그 녀석이 있는 숲은 말할 것도 없고 공원 전체가 꼼꼼하게 폐쇄되어 있던 터라, 어떻게 그 녀석이 우리가 있는 곳까지 온다는 것인지, 그 해괴한 말을 도무지 납득할 수 없었네.

그럼에도 브란덴부르크 선제후는 무언가 꿍꿍이가 숨어있을지 모른다는 걱정에 나와 잠깐 의논한 뒤, 재미 삼아, 그 집시 여인이 내놓을 모든 예언을 수치스럽고 확고부동한 오류로 만들기로 결심하고서 궁으로 사람을 보내, 그 수노루를 당장 잡아서 내일 식탁에 올릴 수 있도록 손질하라고 명령했지.

그런 다음에 그는, 우리의 대화를 바로 앞에서 들어 이 사정을 다 아는 그 여인을 향해 몸을 돌려서, '자, 이제 나의 미래를 예언해 보시겠는가?' 하고 말했네.

그러자 그녀가 그의 손을 보면서 말했지. '선제후 전하의 행복을 비나이다! 당신은 오랫동안 통치하실 것이며, 당신의 가문은 오래 이어질 것이고, 당신의 후손들은 위대하고 탁월해져서 세상의 모든 제후와 귀족을 제치고 권좌에 오를 것입니다!' 선제후는 잠시 말없이 생각에 잠겨 그 여인을 바라보더니, 나에게 한걸음 다가와서 작은 목소리로, 예언을 무력화하기 위해 궁으로 사람을 보낸 것이 후회스러울 지경이라고 말했네.

그리고 많은 이들이 환호하는 가운데, 그를 따르는 기사들의 손에서 그녀의 품으로 돈이 비처럼 쏟아지는 동안, 그 자신도 주머니에서 금화 한 닢을 꺼내 그녀에게 주면서, 그녀가 나에게 건넬 인사말도 그에게 건넨 것처럼 찬란하냐고 물었지. 그 여인은 옆에 있던 궤짝을 열고 돈을 종류와 개수에 따라 한참 동안 꼼꼼하게 정리해 넣고 다시 궤짝을 닫더니, 햇빛이 성가신 듯, 손을 들어 태양을 가리고 나를 바라보았네. 그리고 내가 똑같은 질문을 다시 던지자, 내 손을 살펴보면서, 브란덴부르크 선제후에게 농담하듯이 말했지. '이분께 건넬 좋은 말은 없는 듯합니다.'

이어서 그녀는 목발을 짚고 걸상에서 천천히 일어나 양손을 신비롭게 내뻗은 자세로 나에게 바투 다가와 귀에 대고 내가 확실히 들을 수 있는 소리로 '없습니다.' 하고 속삭였네.

나는 당황해서 '그렇군!'이라고 운을 떼며 한걸음 뒤로 물러났고, 그녀는 대리석에서 나오는 듯한 차갑고 생기 없는 눈빛을 내쏘며 그녀 뒤에 놓인 걸상으로 돌아가 앉았네.

내가 물었지. '그래, 나의 가문에 어떤 위험이 닥치겠는가?'

그 여인은 숯 조각과 종이를 손에 쥐고 무릎을 꿇더니, 대답을 적어주기를 바라느냐고 물었어. 내가 실은 당황했지만 단지 그때 상황에서 달리 선택지가 없었기 때문에 '그래, 그렇게 하게!'라고 대답하자, 그녀가 결연하게 말했네.

'좋습니다! 세 가지를 써드리지요. 당신의 가문에서 나올 마지막 군주의 이름, 그가 나라를 빼앗길 연도, 그 나라를 무력으로 점령할 사람의 이름.'

모든 사람들이 보는 앞에서 세 가지 비밀을 다 적고 자리에서 일어난 그녀는, 시들어빠진 그녀의 입에 넣어 축축하게 만든 옻칠을 쪽지에 발라서 봉하고 그 위에 그녀의 가운뎃손가락에 긴 납 도장 반지를 눌러 봉인을 찍었지. 자네도 쉽게 공감하겠지만, 나는 이루 말할 수 없이 궁금해서 그 쪽지를 잡으려 했네.

그러자 그녀가 '절대로 안 됩니다, 나리!'라고 말하며 몸을 돌리고 목발 하나를 들어 올리더니 이렇게 덧붙이더군. '원하신다면, 저기, 모든 군중 너머 교회 입구에, 깃털 장식 모자를 쓰고 긴 의자 위에 서있는 저 사내에게서 이 쪽지를 되찾으십시오.'

내가 그녀의 말을 제대로 이해하기도 전에, 그녀는 놀라서 말문이 막힌 나를 그 자리에 내버려두고 떠났네. 그녀는 제 뒤에 놓인 궤짝을 쾅 닫아 어깨에 메고 우리를 둘러싼 군중 속으로 들어갔고, 나는 그녀가 무엇을 하는지 더는 알 수 없었네.

그런데 바로 그때 브란덴부르크 선제후가 궁으로 보냈던 기사가 나타나서 웃는 얼굴로 보고하기를, 그 수노루가 도살되었고 그가 보는 앞에서 사냥꾼 두 명이 녀석의 사체를 주방으로 끌고 갔다고 했지. 나에게 정말 큰 위로가 되는 소식이었네. 브란덴부르크 선제후는 나와 함께 자리를 뜰 생각으로 유쾌하게 내 팔을 끼면서 말했어. '자, 역시나일세. 그 여자의 예언은 날이면 날마다 보는 야바위였어. 우리의 시간과 돈을 들일 가치가 없었네!'

그런데 이 말이 채 끝나기도 전에, 주위에서 비명이 터져 나왔어. 모든 사람들의 눈이 궁 쪽에서 달려오는 커다란 개를 향해있었네. 우리는 소스라치게 놀랐지. 그 개는 주방에서 수노루의 목을 물고 하인들과 하녀들에게 쫓기며 달려와서 우리 앞의 세 걸음 거리에 수노루를 내려놓았네. 결과적으로 그 여인이 모든 예언의 증표로 내놓은 예언이 정말로 실현된 셈이었지. 비록 죽은 수노루였지만, 우리가 아직 장터에 있는 동안에 그 수노루와 마주쳤으니까.

겨울 하늘에서 떨어지는 벼락의 파괴력도 그 광경이 나에게 발휘한 파괴력보다 셀 리 없네. 내가 함께 어울리던 사람들로부터 벗어나자마자 맨 먼저 한 일은 그 여인이 나에게 일러준 사내, 깃털 장식 모자를 쓴 그 사내를 찾는 것이었지. 하지만 사흘 동안 끊임없이 사람들을 풀어 수소문했는데도, 아무도 그 사내에 관해서 아주 막연한 소식조차 가져오지 못했네.

그리고, 이보게, 내 친구 쿤츠. 나는 몇 주 전에 다메의 농가에서 그 사내를 내 눈으로 똑똑히 보았네."

말을 마치면서 선제후는 회계담당관의 손을 놓고 땀을 닦으면서 다시 침대에 누웠다. 선제후가 설명한 사건에 대한 자신의 견해로 선제후의 견해를 반박하고 수정하려는 노력은 무모하다고 판단한 회계담당관은 선제후에게, 무언가 방안을 강구해서 그 쪽지를 손에 넣고 그 사내는 제 운명을 맞도록 내버려두자고 제안했다.

그러나 선제후는, 그 쪽지를 포기해야 한다는 생각, 또는 심지어 그 쪽지에 대한 앎마저 그 사내와 함께 소멸하는 것을 볼 생각을 하면 크나큰 슬픔과 절망이 밀려오지만, 그로서는 도무지 방안을 찾지 못하겠다고 대답했다. 그 집시 여인을 수소문해보았느냐고 친구가 묻자, 선제후는, 자신이 다른 핑계를 대며 내린 명령에 따라 관청이 그 여인을 찾아 온 나라를 뒤졌지만 아직 소득이 없다고 대꾸했다. 그러면서 그는 그 여인을 작센에서 찾아낼 가능성 자체를 어떤 이유에서인지 의심했는데, 그 이유가 무엇인지 자세히 밝히기를 꺼렸다.

마침 그때 회계담당관은, 전임 대총리 칼하임 백작이 해임된 직후에 죽으면서 회계담당관의 아내에게 상속한, 노이마르크에 있는 상당한 가치의 부동산들 때문에 베를린으로 여행하려는 참이었다. 그리하여 선제후를 진정으로 아끼는 회계담당관은 잠시 고민한 끝에, 이 일을 자신에게 맡겨주겠느냐고 물었다. 이에 선제후가 진심에서 우러나온 동작으로 회계담당관의 손을 잡아 자신의 가슴에 대고 "자네가 나라고 생각하고, 그 쪽지를 가져다주게!"라고 대답하자, 회계담당관은 할 일들을 남들에게 맡기고 예정을 며칠 앞당겨, 아내는 남겨둔 채로 하인 몇 명만 데리고 베를린으로 출발했다.

그러는 사이에 콜하스는 이미 언급했듯이 베를린에 도착한 뒤 브란덴부르크 선제후의 특별명령에 따라 귀족 감옥으로 호송되어 그곳의 배려로 그의 다섯 자식과 함께 최대한 안락하게 지내다가, 빈에서 황제의 법률가가 도착한 직후에, 황제의 공식적인 평화 명령을 위반했다는 이유로 대법원 법정에 섰다.

그는 자신이 뮈첸에서 작센 선제후와 맺은 협정의 효력 때문에 자신을 작센에 대한 무장 침입과 그에 동반된 폭력행위들을 이유로 고소하는 것은 불가능하다고 반발하며 스스로를 변호했지만, 여기에 법률가를 보내 그를 고소한 황제 폐하는 그 협정을 무시할 수 있다는 훈계를 들었고, 더 나아가 사람들이 그에게 사정을 설명하면서 그 대신에 그가 드레스덴에서 트롱카의 지주 벤첼을 상대로 제기한 소송에서는 그의 명예회복이 완벽하게 이루어질 것이라고 장담했기 때문에, 주어진 상황을 매우 신속하게 받아들였다.

그후 회계담당관이 베를린에 도착한 바로 그날, 법에 따라 콜하스에게 칼로 죽임을 당하는 형벌이 선고되었다. 그러나 복잡하게 얽힌 사정을 감안할 때, 그 형벌이 비록 관대하기는 하지만 실제로 집행되리라고 믿는 사람은 아무도 없었다. 더 나아가 브란덴부르크 선제후가 콜하스를 좋게 생각하므로, 그가 받은 참형을 힘들고 지루할 수도 있겠지만 그래도 상대적으로 가벼운 징역형으로 바꾸라는 선제후의 명령이 틀림없이 내려질 것이라고 베를린 전체가 기대했다.

그럼에도 회계담당관은 자신의 군주가 맡긴 임무를 수행하려면 한시도 허비할 수 없음을 간파하고 작업에 착수하여, 어느 날 아침, 콜하스가 감옥의 창가에 서서 지나가는 사람들을 별 생각 없이 바라보고 있을 때, 평소대로 궁정복장을 입고 그의 앞에 분명히 눈에 띄게 나타났다. 그는 콜하스가 갑자기 고개를 돌리는 것을 보고 그 말 장수가 자신을 알아보았다고 판단했다. 또한 매우 만족스럽게도, 그 말 장수가 무의식적으로 그 납 상자가 있는 가슴께에 손을 대는 것도 보았다. 그리하여 회계담당관은 그 순간 콜하스의 영혼에서 일어난 움직임을, 그 쪽지를 손에 넣기 위한 작전에서 한걸음 전진하기 위한 준비단계로 충분하다고 여겼다.

그는 베를린 거리에서 넝마를 줍는 천민들 틈에서 목발을 짚고 어슬렁거리는, 그가 보기에 나이와 옷차림에서 작센 선제후가 그에게 묘사한 집시 여인과 꽤 흡사한 듯한 늙은 여자를 보고 불러들였다. 그리고 콜하스가 그의 앞에 잠시 나타나서 쪽지를 건네준 집시 여인의 모습을 또렷이 기억하지 못한다는 전제 하에, 집시 여인 대신에 그 늙은 여자를 투입하여 가능하다면 콜하스 앞에서 집시 여인 행세를 시키기로 결심했다.

그리하여 그 늙은 여자가 임무를 수행할 수 있도록, 그는 그녀에게 위터복에서 작센 선제후와 집시 여인 사이에 일어난 모든 일을 장황하게 설명했다. 그러면서 그는, 집시 여인이 콜하스에게 얼마나 많은 것을 알려주었는지 그는 모르므로, 쪽지에 적힌 세 가지 비밀이 무엇인지를 특히 강조하는 것을 잊지 않았다. 그리고 작센 궁정의 입장에서 어마어마하게 중요한 그 쪽지를 계략을 통해서든 폭력을 통해서든 손에 넣으려고 벌이는 이 작전을 위해서 그녀는 평소 생활을 갑자기 아무도 모르게 단념해야 한다고 설명한 다음, 콜하스가 그 쪽지를 지니고 있는 것이 더는 안전하지 않으니 숙명적인 며칠 동안 그 쪽지를 맡아서 보관하겠다는 핑계를 대면서 그에게서 그것을 받아오라는 임무를 부여했다.

넝마주이 여인은 상당한 보수를 약속 받자 곧바로 임무를 떠맡으면서 회계담당관에게 보수의 일부를 요구하여 미리 받아냈다. 당시에 콜하스는 뮐렌베르크에서 목숨을 잃은 하인 헤르제의 어머니가 가끔 찾아오면 정부의 허가 하에 그녀와 만나왔고, 넝마주이 여인은 몇 달 전부터 헤르제의 어머니와 아는 사이였던 터라, 며칠 지나지 않아 그 여인은 간수에게 작은 선물을 주고 콜하스에게 접근하는 데 성공했다.

그녀가 다가오자 콜하스는 그녀의 손가락에 끼어진 도장반지와 목에 걸린 산호목걸이를 보고 위터복에서 그에게 쪽지를 건네주었던 그 늙은 집시 여인이 왔다고 생각했다. 그런데 있을 법한 일과 정말로 있는 일이 늘 일치하지는 않는 법이어서, 이 대목에서 일어난 일을 우리는 전하겠지만, 그 일을 의심하고 싶은 독자에게는 의심할 자유를 인정할 수밖에 없다. 일찍이 회계담당관은 엄청난 실수를 저질렀다. 그가 집시 여인 행세를 시키려고 베를린 거리에서 발탁한 늙은 넝마주이 여인은 다름 아니라 바로 그 신비로운 집시 여인 자신이었다.

믿기 어렵겠지만, 아무튼 그 여인은 목발을 짚고 서서 자신의 기이한 모습에 놀라 아버지에게 기댄 아이들의 뺨을 쓰다듬으면서 말하기를, 자신은 벌써 오래 전에 작센을 떠나 브란덴부르크로 돌아왔으며, 베를린 거리에서 회계담당관이 작년 봄에 위터복에 있었던 집시 여인에 대해 경솔하게 수소문하는 것을 보고 곧바로 그에게 가명으로 접근하여 그가 처리하고자 하는 일을 맡았다고 했다.

말 장수는 그녀와 고인이 된 자신의 아내 리스벳이 예사롭지 않게 닮았음을 알아챘다. 그녀의 얼굴과 손의 생김새뿐 아니라, 마른 체형도, 특히 말할 때의 습관이 리스벳을 너무나 강렬하게 연상시켜서, 그는 그녀에게 혹시 리스벳의 할머니가 아니냐고 묻고 싶을 지경이었다. 게다가 그녀의 목을 보니, 리스벳의 목에 있던 반점까지 있었다.

말 장수는 이상한 생각으로 어지러워진 마음을 다잡으며 그녀에게 의자에 앉으라고 권하고, 회계담당관이 도대체 무슨 일로 그녀를 보냈느냐고 물었다. 콜하스의 늙은 개가 그녀의 정강이에 코를 대고 킁킁거리고 그녀가 쓰다듬자 꼬리를 흔드는 가운데, 그 여인이 대답하기를, 회계담당관이 그녀에게 맡긴 임무는, 콜하스에게 그 쪽지에 은밀히 적힌 대답이 작센 선제후 집안에 중요한 이러이러한 세

가지 질문에 대한 대답이라고 알려주고, 작센의 사신이 그 쪽지를 손에 넣기 위해 베를린에 와있으니 조심하라고 경고하고, 그 쪽지를 그의 가슴에 매달아두는 것은 이제 안전하지 않다는 핑계를 대면서, 그것을 달라고 요청하여 받아내는 것이라고 고백했다.

그러나 그녀가 온 진정한 의도는, 잔꾀나 폭력으로 콜하스에게서 그 쪽지를 빼앗겠다는 위협은 멍청하고 공허한 착각이라고, 콜하스는 브란덴부르크 선제후의 보호를 받고 있으므로 눈곱만큼도 겁먹을 필요가 없다고, 사실 그 쪽지를 콜하스가 지니는 편이 그녀가 지니는 편보다 훨씬 더 안전하다고, 그 쪽지를 어떤 상황에서 어느 누구에게라도 건네주었다가 빼앗기는 일이 생기지 않도록 조심하라고 콜하스에게 말해주기 위해서라고 그녀는 덧붙였다.

그럼에도 그녀의 마지막 말은, 그녀가 위터복 장터에서 그 쪽지를 건네줄 때 일러준 용도대로 그것을 써먹는 것, 그러니까 국경에서 사냥터 지주 폰 슈타인이 그에게 전달한 제안에 귀를 기울여 이제 더는 그 자신에게 쓸모가 없는 그 쪽지를 작센 선제후에게 내주고 자유와 생명을 얻는 것이 그녀가 보기에 지혜로운 행동이라는 것이었다.

콜하스는 원수가 자신을 짓밟는 순간에 원수의 발꿈치에 치명적인 상처를 입힐 힘이 자신에게 주어진 것에 환호하면서 "그렇게는 못합니다, 아주머니. 하늘이 무너져도 못해요!"라고 대답하고 늙은 여인의 손을 꼭 쥐면서, 다만 그 쪽지에 그토록 엄청난 질문들에 대한 답으로 무엇이 적혀있는지 알고 싶다고 말했다.

그러는 사이에 콜하스의 막내는 늙은 여인의 발 앞에 웅크리고 있었는데, 그녀는 그 아이를 안아 무릎에 올리고 "하늘이 뭐가 문제이겠는가, 말 장수 콜하스. 하지만 이 예쁜 금발 꼬마를 생각해보게!"라고 하면서, 휘둥그레진 눈으로 그녀를 바라보는 아이에게 미소 짓고 다독이고 입 맞추더니 주머니에 넣어온 사과 한 알을 비쩍 마른 손으로 건넸다.

콜하스는 뒤숭숭한 마음으로, 아이들도 이다음에 크면 자신의 행동을 찬양하게 될 것이라고, 아이들과 그들의 손자들을 위해 자신이 할 수 있는 가장 이로운 행동은 그 쪽지를 보유하는 것이라고 말했다. 덧붙여, 이미 쓰라린 경험을 한 자신이 또 속임수에 당하지 않는다고 누가 보장할 수 있느냐고, 얼마 전에 뤼첸에 모여 있던 일당을 해산했을 때처럼 결국 자신이 아무 이득 없이 그 쪽지를 작센 선제후에게 바치는 꼴이 되지 않겠느냐고 물었다.

"저는 한번 약속을 어긴 사람과는……" 콜하스가 말을 이었다. "……더는 말을 주고받지 않습니다. 선하신 아주머니, 확실하고 분명하게 말씀드리겠습니다. 오로지 당신의 요구만이 제가 겪은 모든 고난을 이토록 경이롭게 보상받게 해준 이 쪽지를 저에게서 떼어놓을 수 있습니다."

늙은 여인이 아이를 바닥에 내려놓으면서 말하기를, 콜하스가 여러 모로 옳다고, 그는 자신의 뜻대로 행동하거나 행동하지 않을 수 있다고 했다. 그녀는 이 말과 함께 목발을 다시 쥐고 떠나려 했고, 콜하스는 그 신비로운 쪽지의 내용에 관한 질문을 되풀이했다. 그녀가 짧게 대답하기를, 그냥 호기심 때문이라도 상관없으니 그가 직접 그 쪽지를 펼쳐서 보라고 하자, 그는 그녀가 떠나기 전에 다른 수천 가지 의문에 대한 답을 얻고 싶어 했다. 그녀의 정체는 무엇인지, 그녀가 지닌 앎은 어디에서 얻은 것인지, 왜 그녀는 작센 선제후를 위해 쪽지를 써놓고도 그것을 그 선제후에게 주지 않고 수천 명의 사람들 중에서 하필이면 그 자신에게, 그는 그녀가 지닌 앎을 전혀 열망하지 않았는데, 주었느냐고 콜하스는 물었다.

바로 그 순간, 경찰 하급관리 몇 명이 계단을 올라오는 소리가 들렸다. 그리하여 감방 안에서 그들에게 발각되는 상황을 갑자기 염려하게 된 그 여인은 이렇게 대답했다. "잘 있게, 콜하스. 다시 보세나. 우리가 다시 만나면, 이 모든 것을 빠짐없이 알려주겠네!" 곧이어 그녀는 문을 등지고 서서 "잘 지내라, 꼬마들아, 행복해야 한다!" 하고 외치고 아이들과 차례로 입 맞춘 뒤 떠났다.

***

그러는 사이에 작센 선제후는 비통한 생각에서 헤어나지 못하고 당시 작센에서 명망이 높던 점성술사 올덴홀름과 올레아리우스를 불러 그 자신과 그의 후손 전체에게 지극히 중요한 그 비밀 쪽지의 내용에 관한 의견을 물었다. 그러나 이 점성술사들은 드레스덴 궁의 탑에서 여러 날에 걸쳐 심오한 연구를 지속한 뒤에도, 그 예언이 몇 백 년 후에 관한 것인지 아니면 현재에 관한 것인지, 혹시 지금도 작센과 심하게 분쟁 중인 폴란드 왕실과 관련이 있는지에 대해서 의견일치를 보지 못했고, 그런 유식한 논쟁은 절망까지는 아니어도 불안에 휩싸인 불운한 군주를 안정시키기는커녕 더욱 불안하게 만들었다. 결국 군주의 불안은 그의 영혼이 도무지 감당할 수 없을 정도로까지 증폭되었다.

게다가 회계담당관까지 그때 마침 남편의 뒤를 따라 베를린으로 오기 직전이던 자신의 아내에게, 자신이 그 쪽지를 손에 넣기 위해 어떤 여인을 동원했는데 불운하게도 그 여인이 지시를 받고 떠난 뒤에 다시 나타나지 않아 작전이 수포로 돌아갔고 어느새 브란덴부르크 선제후가 콜하스에 대한 사형선고를 꼼꼼한 서류 검토 끝에 인가했고 처형일도 곧 다가올 성지주일 다음 월요일로 확정되었으니, 이제 콜하스가 지닌 쪽지를 손에 넣기를 바라는 것은 지극히 어리석다는 말을, 그녀가 출발하기 전에 작센 선제후에게 솜씨 좋게 전하라고 지시했다.

이 말을 전해들은 선제후는 마음이 슬픔과 후회로 갈가리 찢어져 흡사 모든 것을 잃은 사람처럼 방에 틀어박혀 삶 자체에 대한 염증으로 이틀 동안 곡기를 끊더니, 돌연 셋째 날에 사냥을 하러 데사우의 제후에게 간다고 관청에 짧게 통지하고 드레스덴을 떠났다.

그가 대체 어디로 갔는지, 정말 데사우로 향했는지는 논외로 하겠다. 왜냐하면 우리가 참조한 연대기들은 특이하게도 이 대목에서

서로 엇갈리기 때문이다. 확실한 것은 이 시기에 데사우의 제후가 병들어 사냥을 할 수 없는 상태로 브라운슈바이크에 있는 그의 삼촌 하인리히 공작에게 가 있었다는 점, 그리고 그 이튿날 저녁에 헬로이제 부인이 폰 쾨니히슈타인 백작이라는 인물과 함께, 남들이 물으면 그가 그녀의 사촌이라고 하면서, 베를린에 있는 그녀의 남편, 곧 회계담당관 쿤츠에게 왔다는 점이다.

다른 한편, 브란덴부르크 선제후의 명령에 따라 법원에서 파견된 위원들은 콜하스 앞에서 사형판결문을 읽어주고, 그의 사슬을 풀어주고, 그가 드레스덴에서 압수당했던 재산 관련 문서들을 다시 돌려주었다. 그리고 그들이 콜하스에게 그의 사후에 재산이 어떻게 처리되기를 바라느냐고 묻자, 콜하스는 공증인의 도움을 받아 자식들을 위한 유언장을 작성하고 그의 착실한 친구인 콜하젠브뤼크의 공무원을 자식들의 후견인으로 지정했다.

이어진 생의 마지막 며칠 동안 콜하스가 누린 평화와 만족은 어디에도 비길 수 없었다. 방금 언급한 일이 있은 직후에 선제후의 이례적인 특별지시에 따라 콜하스의 감방이 개방되었고, 베를린에 있는 그의 수많은 친구들 모두가 그를 밤낮으로 방문할 수 있게 되었다. 심지어 콜하스는 루터 박사가 자신의 친서를 들려서 보낸 신학자 야콥 프라이징이 몸소 감방에 들어오는 것을 보는 기쁨까지 누렸다. 이때 콜하스가 받은 루터의 친서는 대단히 주목할 만한 내용일 것이 뻔하지만 지금은 전해오지 않는다. 야콥 프라이징은 브란덴부르크 수석사제 두 명의 보좌를 받으며 콜하스에게 신성한 교회의 축복을 내려주었다.

곧이어 도시 전체가 콜하스를 살려주라는 명령에 대한 기대를 여전히 버리지 못한 채 술렁이는 가운데, 숙명적인 성지주일 다음 월요일, 콜하스가 스스로 세계를 정의롭게 만들고자 너무나 신속하게 감행한 시도들에 대한 책임을 지고 세계의 노여움을 풀어주어야 하는 날이 밝았다.

콜하스가 수많은 경비병을 대동하고, (그가 법정에서 명시적으로 간청하여 허락 받은 대로) 두 아들을 품에 안고, 신학자 야콥 프라이징의 뒤를 따라 감옥의 대문을 나섰을 때, 떼 지어 슬픈 얼굴로 그의 손을 잡고 작별인사를 건네는 지인들 틈에서 선제후 궁의 관리인이 혼란스러운 표정으로 콜하스에게 다가와, 어떤 늙은 여인이 그에게 전하라고 했다면서 쪽지 하나를 건넸다.

콜하스는 거의 본 적이 없는 그 사내를 낯설게 응시하는 한편, 쪽지에 찍힌 옻칠 봉인을 보고 그가 익히 아는 집시 여인을 곧바로 연상하면서 쪽지를 펼쳤다. 하지만 그가 다음과 같은 전갈을 보고 얼마나 놀랐는지 묘사할 수 있는 사람은 아무도 없을 것이다.

"콜하스, 작센 선제후가 베를린에 있소. 그는 벌써 형장으로 갔는데, 유심히 살펴보면, 파란 깃털과 하얀 깃털로 장식된 모자를 보고 그를 알아볼 수 있을 것이오. 그가 온 의도는 뻔하오. 그는 당신이 매장되자마자 그 납 상자를 발굴하여 그 안에 있는 쪽지를 펼쳐

보려 하오.— 당신의 엘리자벳."

이루 말할 수 없이 놀란 콜하스는 관리인을 바라보며, 이 쪽지를 건네준 신비로운 여인을 개인적으로 아느냐고 물었다. 그러나 관리인은 "콜하스, 그 여인은……" 하고 대답하다가 이상하게도 머뭇거렸고, 그 순간 다시 사람들이 몰려들어 콜하스를 떠밀었기 때문에, 콜하스는 그 사내가 온몸을 떠는 듯하면서 내뱉는 말을 알아듣지 못했다.

형장에 도착한 그는 브란덴부르크 선제후가 대총리 하인리히 폰 고이자우를 비롯한 수행원들과 함께 말을 타고 엄청난 인파 속에 서 있는 것을 보았다. 선제후의 오른쪽에는 황제의 법률가 프란츠 뮐러가 사형판결문을 들고, 왼쪽에는 선제후 자신의 법률가인 법학자 안톤 초이너가 드레스덴 궁정법원의 최종판결문을 들고 서 있었으며, 군중이 이룬 반원의 중심에는 집행관이 물건 꾸러미 하나와 건강해서 윤기가 흐르는 외모로 발굽을 구르는 검은 말 두 마리와 함께 서 있었다.

일찍이 대총리 하인리히가 브란덴부르크 군주의 이름으로 드레스덴에서 트롱카의 지주 벤첼을 상대로 제기한 소송에서 손톱만큼의 제한도 당하지 않고 조목조목 뜻을 관철한 덕분이었다. 그리하여 사람들이 그 검은 말들의 머리 위로 깃발을 흔들어 녀석들을 명예롭게 만들고 가죽장이의 손에서 되찾아왔고, 벤첼 지주 측의 사람들이 녀석들을 먹여 살찌운 뒤에, 드레스덴 시장에서 이 일을 위해 특별히 구성된 위원회가 보는 앞에서 브란덴부르크 선제후의 법률가에게 넘겨주었던 것이다.

곧이어 콜하스가 경비병들과 함께 언덕을 올라 선제후에게 접근하자, 선제후가 말했다. "자, 콜하스, 오늘은 네가 정의에 따라 너의 몫을 받는 날이다! 여기를 보아라. 네가 트롱켄부르크 성에서 폭력적으로 빼앗겼던 모든 것, 또한 너의 군주인 내가 책임을 지고 너에게 되찾아주어야 했던 모든 것을 내가 너에게 돌려주노라. 검은 말들, 목도리, 제국주화들, 옷가지, 심지어 뮐렌베르크에서 사망한 네 하인 헤르제를 위한 치료비까지 있다. 만족하느냐?"

콜하스는 대총리의 지시로 그에게 전달된 최종판결문을 반짝이는 눈을 크게 뜨고 살펴보면서 품에 안았던 두 아이를 곁에 내려놓았다. 곧이어 벤첼 지주에게 2년 징역을 선고한다는 문장을 읽는 순간, 그는 감정이 복받쳐 양손을 엇갈려 가슴에 대고 멀리 떨어진 선제후를 향해 절하고, 양손을 앞에 모은 자세로 일어나 대총리에게, 자신이 지상에서 품어온 가장 큰 소망이 이루어졌다고 흔쾌히 확언했다.

이어서 콜하스는 말들에게 다가가 녀석들의 통통한 목을 쓰다듬고 다독이더니 다시 대총리에게 돌아와서, 이 말들을 자신의 두 아들 하인리히와 레오폴트에게 선물하겠다고 명랑하게 선언했다. 대총리 하인리히 폰 고이자우는 말에서 내려 온화한 표정으로 콜하스를 바라보면서 그의 유언이 신성하게 지켜질 것이라고 선제후의 이름으로 약속하고, 꾸러미 속에 있는 나머지 것들도 그의 뜻에 따라 처분하라고 요청했다.

그러자 콜하스는 형장의 군중 속에 있던 헤르제의 어머니를 알아보고 불러서 그녀에게 나머지 물건들을 넘겨주면서 "아주머니, 이건 아주머니 거예요." 하고 말했다. 그는 꾸러미 속의 돈에 포함된, 그에게 주어진 손해배상금도 그녀의 노년에 즐거움과 안락함을 줄 선물로 보태주었다.

선제후가 외쳤다. "자, 말 장수 콜하스, 네가 이처럼 만족을 얻었으니, 너도 황제의 평화 명령을 위반한 책임을 지고 여기에 법률가를 보내신 황제 폐하를 만족시킬 채비를 하라!"

콜하스가 모자를 벗고 땅에 엎드리면서, 자신은 이미 준비가 끝났다고 말했다. 이어서 아이들을 다시 한 번 들어 올려 꼭 안은 뒤에 콜하젠브뤼크의 공무원에게 넘겨주고, 그 공무원이 소리 없이 눈물을 흘리며 아이들을 데리고 자리를 뜨는 동안, 처형대로 향했다.

콜하스는 그리 멀지 않은 거리에 둥글게 늘어선 군중을 둘러보다가, 파란 깃털과 하얀 깃털로 장식된 모자를 쓰고 기사 두 명을 앞에 세워 몸을 반쯤 가린 낯익은 사내를 알아보았고, 바로 그 순간 목도리를 풀고 가슴받이를 열었다. 이어진 콜하스의 행동에 그를 둘러싼 경비병들은 깜짝 놀랐다. 그는 갑자기 그 사내를 향해 걸어가면서 목에 걸었던 납 상자를 풀었고, 거기에서 쪽지를 꺼내 봉인을 뜯고 읽었다. 이어서 벌써 달콤한 희망을 품기 시작한, 파란 깃털과 하얀 깃털을 쓴 사내에게 시선을 고정한 채로, 쪽지를 입에 넣고 삼켜버렸다.

파란 깃털과 하얀 깃털을 쓴 사내는 이를 보고 정신을 잃고 쓰러져 경련했다. 그를 수행하는 기사들이 당황하여 허리를 굽혀서 그를 들어 올리는 동안, 콜하스는 몸을 돌려 처형대에 올랐고, 사형 집행인의 도끼질에 그의 머리가 떨어졌다. 콜하스의 이야기는 여기까지다. 모든 군중이 슬퍼하는 가운데 그의 시신은 관에 넣어졌고, 짐꾼들이 관을 교외의 묘지에 단정하게 매장하기 위해 들어 올리는 동안, 선제후는 망자의 아들들을 불러 작위를 내리면서 대총리에게 그 아이들을 자신의 시동학교에서 가르쳐야 한다고 선언했다.

작센 선제후는 이 일이 있은 직후에 몸과 영혼이 만신창이가 되어 드레스덴으로 돌아갔는데, 그 다음의 이야기는 역사책에서 읽어야 한다. 한편 콜하스에 대해서 더 이야기하자면, 지난 세기에도 그의 후손 몇 명이 메클렌부르크에서 행복하고 건강하게 살았다.

작품 해설*

《미하엘 콜하스의 민란》은 당대 독일 문학계의 이단아였던 하인리히 폰 클라이스트(1777-1811)가 쓴 중편소설이다. 작품의 일부는 클라이스트가 만든 문예잡지 《푀부스Phoebus》의 1808년 6월호에 처음 등장했고, 완결된 작품은 1810년에 출판되었다.

소설의 배경은 16세기이며 주인공은 말 장수 미하엘 콜하스다. 부당한 행위를 당하고 분개하여 스스로 정의를 실현하기 위해 나선 그는 "이 세상이 멸망한다 하더라도 정의는 이루어져야 한다"는 좌우명에 따라 행동한다. 이 때문에 에른스트 블로흐는 미하엘 콜하스를 "엄격한 시민 윤리로 무장한 돈키호테"로 칭하기도 했다.

이 허구적인 인물의 모델이 된 실존 인물이 있다. 한스 콜하스라는 그 인물은 브란덴부르크의 슈프레 강가에 위치한 도시 쾰른Cölln에 살았던 상인이다. 그는 1532년 10월 1일에 라이프치히 장에 가려고 여행길에 나섰다가, 도중에 차슈니츠Zaschnitz 지주의 지시에 응

---

* 위키피디아 독일어판 'Michael Kohlhaas' 항목의 내용을 거의 그대로 수용하고 옮긴이의 언급을 약간 덧붙여 작성한 글이다.

하여 말 두 마리를 드레스덴까지의 통행 허가를 위한 담보로 내주었다. 나중에 그는 이 부당한 일에 법적으로 대응하려 애썼으나 실패했다. 그리하여 그는 1534년에 무력보복을 선언하고 비텐베르크의 건물들에 불을 질렀다. 마르틴 루터가 그에게 보낸 경고성 편지도 그를 막지 못했다. 한스 콜하스의 범죄는 계속되었고, 결국 그는 체포되어 1540년 5월 22일에 베를린에서 거열형에 처해졌다.

이 같은 역사기록을 바탕으로 삼아 클라이스트가 지어낸 이야기의 줄거리는 다음과 같다.

브란덴부르크에 사는 평판 좋은 말 장수 미하엘 콜하스는 말 여러 마리를 데리고 작센으로 간다. 그러나 도중에 그는 트롱카의 지주 벤첼이 소유한 성에서 통행을 제지당하고 통행증을 내보이라는 자의적인 요구를 받는다. 결국 말 두 마리를 담보로 맡기고 그곳을 지나간 콜하스는 드레스덴에서 그런 통행증은 존재하지 않음을 확인하고, 돌아오는 길에 그가 맡긴 말들이 고된 밭일에 동원되어 비쩍 마르고 가치 없게 된 것을 알게 된다.

콜하스는 이 부당한 사태를 바로잡기 위해 작센 선제후에게 고소장을 제출하지만, 트롱카 가문이 손을 쓴 탓에 그의 고소는 기각된다. 콜하스는 자신의 억울함을 호소하기 위한 노력을 계속하고, 결국 그 노력의 정점에서 그의 아내가 죽는다. 법적인 방법으로는 정의를 이룰 수 없음에 절망한 콜하스는 아내를 잃는 슬픔을 겪은 뒤에 트롱카의 지주 벤첼을 상대로 복수전에 나선다.

그는 트롱카 성을 습격하여 모든 거주자를 죽인다. 그러나 벤첼 지주는 유일하게 살아남았고, 콜하스는 맨 처음 에얼라브룬 수녀원에서부터 결국 비텐베르크까지 그 지주를 추격한다. 그러는 동안에 콜하스를 따르는 무리는 점점 더 늘어난다. 그는 비텐베르크에 여러 차례 불을 지르고, 그가 결국 라이프치히에 입성하여 그곳도 똑같이 불사를 것이라는 소문이 돈다.

그리하여 마르틴 루터가 콜하스를 공개적으로 비난하고, 뒤이어 두 사람의 대화가 성사된다. 콜하스는 루터에게 자신의 사정을 이야기하고, 루터는 그가 드레스덴으로 가서 법원에 다시 고소장을 제출할 수 있도록 그의 안전 통행을 보장해달라는 청원서를 쓴다.

그러나 콜하스는 선제후의 약속과 달리 드레스덴에서 가택연금에 처해진다. 그는 과거에 그의 일당에 속했던 나겔슈미트에게 탈출을 도와달라고 부탁하는 편지를 쓰는데, 그 편지가 발각되어 결국 감금된다.

이 대목에서 브란덴부르크 선제후가 개입하여 콜하스에 대한 부당한 처우를 제지하고 그에게 다시 공정한 재판을 받을 기회를 제공한다. 브란덴부르크 선제후의 노력으로 트롱카의 지주는 손해배상 판결을 받지만, 다른 한편으로 콜하스도 평화 명령을 어긴 죄로 사형을 선고 받는다.

그런데 콜하스에 대한 사형 집행이 얼마 남지 않았을 때, 작센 선제후는 자신의 가문에 관한 어느 집시 여인의 예언이 담긴 쪽지를 콜하스가 가지고 있음을 알게 된다. 작센 선제후는 그 쪽지를 손에 넣기 위해 갖은 노력을 하지만 실패한다. 콜하스는 결국 처형대에서 그 예언 쪽지를 삼켜버린다. 이로써 그 쪽지를 영영 볼 수 없게 된 작센 선제후는 정신을 잃고 쓰러진다.

길이는 짧지만 담긴 이야기의 양은 어느 장편소설에 견줘도 손색이 없는 이 작품이 독자에게 던지는 핵심 질문은 "정의란 무엇인가?"라고 할 수 있다. 작품 속에서 특히 강하게 충돌하는 두 입장은 중세의 정의관과 계몽시대의 정의관이다. 콜하스 자신은 생각이나 행동에서 예컨대 존 로크를 비롯한 계몽철학자들과 유사해 보인다.

그의 자의적인 정의 실현 활동은 말하자면 사회계약 탈퇴, 자연 상태로의 복귀라고 볼 수 있다. 국가가 정의 실현이라는 본연의 의무를 수행하지 못하자, 콜하스는 곧바로 법의 역할을 자임한다. 이로써 그는 사회의 울타리 바깥으로 나간다.

"제가 말씀드리는 쫓겨난 사람이란…… 법의 보호를 받지 못하는 사람입니다!…… 저에게 법의 보호를 허락하지 않는 것은 저를 외딴 황무지로 쫓아내는 것과 같습니다. 제 손에 몽둥이를 들려주어 저 자신을 스스로 보호하게 하는 것과 같습니다."(본문 64쪽)

한편 콜하스의 보복 활동은 그가 당한 부당 행위와 무관하다고 할 수 있다. 특히 그의 살인방화 행각은 수많은 무고한 사람들에게 피해를 입힌다. 그의 보복 활동에서는 정의감뿐 아니라 상처 받은 자존심과 (죽은 아내를 위한) 복수욕 등이 핵심적인 구실을 한다. 또한 콜하스가 모든 합법적 수단을 동원해본 다음에 스스로 정의를 실현하기로 결심한 것이 아니라는 점도 지적할 필요가 있다. 실제로 콜하스가 결심을 내릴 당시에 작센 선제후는 그의 탄원서를 보지도 못한 상태였다.

이처럼 미하엘 콜하스는 근대 시민의 정의감과 중세적인 결투와 보복의 욕구를 동시에 지닌 인물이라고 할 수 있다. 부당한 일을 당하고 항의하다가 아내를 잃고 분개하여 감히 정의의 천사로 자처하면서 치졸한 권력에 맞서 전쟁을 벌이는 민란지도자. 끝내 자신의 목숨을 포기하면서까지 야멸치게 복수를 완성하는 고집쟁이. 그를 두둔하든 비난하든, 한쪽으로만 기운 평가를 내리기는 어려울 것이다.

옮긴이의 말

미하엘 콜하스의 행동을 보면서 옮긴이는 자그마치 철학의 핵심 질문을 되새겼다. 플라톤이 평생 답하고자 애썼던 질문. "어떻게 사는 것이 잘 사는 것일까?"

억울한 일 안 당하고 남에게 원한 살 일도 안 하고 사는 것이 최선임은 두말 하면 잔소리이겠지만, 세상이 형편없어서인지, 우리 인간이 주제넘게 정의를 내세워서인지, 억울한 일은 생기기 마련이므로, 질문을 더 좁혀보자. "억울한 일을 당했을 때 어떻게 해야 잘 하는 것일까?"

공연히 문제를 키우지 말고 꾹 참기, 억울하다는 생각에 매달리지 말고 넓은 마음으로 훌훌 털어버리기, 보란 듯이 출세해서 다시는 억울한 일을 당하지 않기 등을 바람직한 대응으로 생각해볼 수 있겠다. 그러나 콜하스는 쩨쩨하고 어리석게도 법에 호소하여 정의를 회복하려 한다. 그는 개인 차원에서 억울함을 삭히거나 금전적 손실을 만회하려 하는 대신에 "온 힘을 다해 굴욕에 대한 배상을 받아내고 동료 시민들을 위해 미래의 안전을 확보하는 것이 그의 의무"라고 느낀다.

콜하스처럼 억울하여 법에 호소하는 사람은 적지 않다. 그러나 자신이 맞서 싸우는 상대가 최고 권력층임을 깨닫고 나서도 정의 실현의 요구를 굽히지 않는 사람은 아마 드물 것이다. 콜하스는 정말이지 돈키호테처럼 물불을 안 가리고 덤빈다. 법은 올바른 사람의 편이어야 한다는 당위 명제는 그에게 힘없는 자들의 넋두리이거나 공허한 구호가 아니다. 현실의 법이 힘 있는 자들의 편임을 확인하는 순간, 그는 서슴지 않고 법의 역할을 자임한다.

이 대목에서 콜하스는 우리 주변에서 유례를 찾기 힘든 독특한 인물로 부상한다. 그는 스스로 판결문을 작성하고 명령문을 공포하고 세력을 규합하여 폭력으로 정의 실현에 나선다. 다시 질문을 던져보자. "억울한 일을 당하고 법에 호소했는데도 소용이 없을 때, 폭력을 써서라도 정의를 회복하는 것이 잘 하는 행동일까?" 옮긴이는 콜하스가 무력보복에 나서는 장면에서 한편으로 통쾌함을 느꼈음을 숨기지 않겠다. 그러나 폭력은 폭력을 부를 뿐, 법의 대안일 수 없을 것이다. 콜하스가 법의 보호를 받지 못하여 폭력에 의지하는 이야기는 법이 얼마나 중요한지, 법이 제 구실을 못하면 얼마나 무서운 일이 벌어질 수 있는지 깨우쳐주는 듯하다.

또 하나, 폭력을 통한 정의 실현 못지않게 문제적인 것은 용서의 거부이다. 콜하스는 부당한 짓을 한 상대를 끝내 용서하지 않는다. 최고 권위의 성직자와 억울하게 죽은 아내의 화신인 듯한 신비로운 조언자가 용서를 권하지만 그는 요지부동이다. 자신의 목숨을 버리면서까지 상대에게 피해를 입히고자 한다. 이것은 개인 차원에서 보면 분명 어리석고 괘씸한 행동이지만, "아이들도 이다음에 크면 자신의 행동을 찬양하게 될 것"이라는 콜하스의 말이 암시하듯이, 사회 차원에서 보면 그릇된 행동은 반드시 화를 부른다는 것을 일깨우는 올바른 행동일 수 있다.

결국 콜하스는 사소한 일에 분개하여 날뛰다가 죽음을 자초한 멍청이거나 법과 정의를 신봉하여 장렬하게 순교한 영웅이다. 정의와 법과 폭력과 용서를 둘러싼 콜하스의 이야기에서 "어떻게 사는 것이 잘 사는 것일까?"라는 질문에 대한 답을 얻을 수는 없을 것 같다. 오히려 이 이야기는 우리에게 그 질문 자체를 안겨주는 듯하다.

***

작가 하인리히 폰 클라이스트의 문장에 대해서도 언급하지 않을 수 없다. 한마디로 곡예에 가까운 문장이다. 게다가 거기에 담긴 이야기의 밀도가 실로 감탄스럽다. 문장 하나, 심지어 문장의 한 부분에 들어있는 이야기만 해도 풀어내면 한없이 많을 것 같아서 마치 프랙털을 보는 듯하다. 이야기 하나를 열 문장으로 늘여놓는 작가가 있다면, 클라이스트는 거꾸로 이야기 열 개를 한 문장으로 응축하는 작가다.

풍부한 이야기와 빠른 전개, 뚜렷하고도 미묘한 갈등 따위의 요소들이 영화나 연극에 어울릴 법하다고 느꼈는데, 아니나 다를까 이 작품은 세 번이나 영화로 만들어졌다고 한다. 이 번역본을 영화만큼 재미있게 읽는 독자가 많으리라고 기대하지는 않는다. 차근차근 두세 번 읽어야 이해가 되는 문장들이 적잖이 발목을 잡을 것이다. 그러나 적어도 소수의 독자들은 이 땅의 산문 풍토에서 그리 선호되지 않을 뿐더러 심지어 매도되는 얽히고설킨 문장, 쉼표가 예닐곱 개 나오고 길이가 대여섯 행에 달하는 문장에 색다른 쾌감을 느끼리라고 믿는다.

신묘년 여름, 살구골에서
전대호